SAMSUNG

EVERGREEN

339-2255
租
一統徵信
今日彩色

立法委員
賴瑞隆

立委候選人
賴

立委候選人
賴瑞

更好
拜託
3
立委候選人
賴

立委
候選人
賴瑞隆

花媽是我的政治導師，也是人生導師。在勞委會和高雄市政府歷任觀光局主秘、新聞局長、海洋局長等職務期間，我跟著花媽學領導統御、學真誠待人，後來都是我當選立委、服務選民時的重要養分。

1973 年 11 月 15 日，我在一個勞工家庭誕生。從小，我不僅熱愛運動，也常擔任班長、班代，展現對公眾事務的熱衷，這為後來我成為政治工作者，埋下了伏筆。

蘇貞昌院長是我的第一個老闆。彼時他是立法委員，而我成為他的國會助理。2019年，我倆再度於國會殿堂聚首，他已經成了行政院長，我則當選立委。

和五月天結緣，起於我擔任高雄市政府觀光局主秘時，邀請他們到高雄燈會藝術節演出。2009 年，我先是協助五月天首登世運主場館舉辦演唱會，揭開「演唱會經濟」的序幕，又在兩年後讓天團成為全台首創的城市代言人。

2013 年，我將荷蘭概念藝術家弗洛倫泰因 · 霍夫曼（Florentijn Hofman）的「黃色小鴨」帶來台灣，創下 390 萬人次前往參觀、帶動 10 億元商機的紀錄，也讓我獲得「黃色小鴨把拔」的封號。2024 年，小鴨重返高雄，我和霍夫曼再度碰面，兩人熱情互道一聲「好久不見」。

高雄市政府海洋局長的經歷，讓我持續關注漁業發展、漁港建設，曾經打造「高雄海味」品牌、舉辦「秋刀魚季」，當選立委後，也以東京豐洲市場為目標，為前鎮漁港爭取到 81 億元的改建預算。

2016 年至今，適逢中央、高雄都由民進黨執政，讓港都能全力衝刺。尤其蔡英文總統就任 8 年期間，拍板大林蒲遷村、興建國道 7 號、亞洲新灣區 5G AIoT 創新園區、亞灣 2.0 等國家級政策，讓身為高雄人、高雄立委的我，有滿滿感謝。

從年輕時就認識賴清德醫師，當時賴清德立委跟賴勁麟立委辦公室在附近，常常互相串門子，我對賴清德醫師正派、正直的專業形象印象深刻，也成為學習的榜樣。

2016 年首度當選立委後，我便捐款成立國中、小學優秀學生的獎助學金，並規劃助學計畫，讓孩子在暑期獲得學習機會。

賴瑞隆報到
小鴨把拔向前衝

賴瑞隆——口述
蕭玉品——採訪撰稿

◆獻給我的父親賴正條、母親游金蓮，
謝謝您們辛苦撫養，並支持我人生路上的重大決定。

◆獻給我的政治導師陳菊院長。威權時代面對死亡依然昂首闊步，追求自由民主
秉持初衷無所畏懼，全力奉獻壯大高雄台灣無眠無日，無私栽培疼惜人才守護
民主台灣。祈盼陳菊院長平安健康。

【推薦序】

值得信賴 高雄興隆

瑞隆是我在高雄擔任市長時，十分倚重的局處首長。

現在說到高雄，大家想到的大概是駁二、輕軌、高雄流行音樂中心，或是世運主場館的演場會。不過，早於這些意象成形前，除了得天獨厚的山海河港，說到高雄，我想絕對是五月天和黃色小鴨。

邀請五月天為高雄代言、帶黃色小鴨游進愛河灣，「瘋高雄」一時蔚為風潮，這背後重要的推手，就是瑞隆，他以過往擔任幕僚、助理的豐沛經驗，佐以創新思維，與市府團隊共同擘劃這座城市的未來，帶來一次次的驚喜，可謂高雄的城市魔術師。

這樣的人才留在高雄固然造福一方，但如果更上一層絕對能夠做得更多，因此在二〇一六年選舉，我鼓勵瑞隆轉換跑道參選立法委員，而瑞隆也不負眾望，用他的專業、誠懇、努力，獲得鄉親的信任與支持，更蟬聯第九到十一屆的立法委員，足見瑞隆無論在中央問政或地方服務都深獲肯定。

我想，一個人戮力從公，為一個地方、一座城市努力，想必打從心底認同、深愛著我們稱作「家」的高雄。

從基層做起，向中央邁進，瑞隆一步一腳印，踏得扎實、走得穩健，值得信賴、不負所託，這本書不只是他為自己做的紀錄，也是獻給高雄的情書。

監察院長

【推薦序】

不忘初衷，賴瑞隆

瑞隆大學畢業後的第一份工作，就是擔任我當立委時的國會助理，經過這二十多年，我看著他一步一步的成長，既在中央部會襄贊機要，也在高雄市政府擔任過政務官，現在已經是國會的資深立委，在過去八年共十七個會期，一再被評鑑為優秀立委，還擔任黨中央中評會主委及國會召委，在在展現協調各方的優秀才能。

我擔任行政院長四年，在立法院接受質詢，到全國各地視察，立委問政表現認不認真、爭取建設用不用心、對選民服務投不投入，我相當清楚。瑞隆出身勞工家庭，一向關心基層、弱勢，因為中央地方歷練完整，對城市發展有理想，對建設議題也能全盤掌握。

瑞隆擔任過首任高雄市政府海洋局局長，特重開創藍色經濟，在他積極爭取下，我拍板斥資八十一億進行前鎮漁港大改造，現在已整個脫胎換骨；此外，包括一百多億的亞灣創新園區與高雄軟體園區二期、近八百億的大林蒲遷村案，以及加總達三千多億的捷運黃線與紅線延伸到小港林園，都在我任內接連核定。這些攸關高雄轉型升級的百年基礎建設，在在都看得到瑞隆在立法院認真質詢、在各部會間不斷奔走協調的身影。

這本書不只描寫瑞隆的成長過程，從幕僚世代走向政務首長，從投身選舉到進入國會，從法案政策到爭取建設等過程，也能從中看到高雄這些年城市發展的縮影。

我始終認為，有幸能夠擔任公職，為國家做事、為人民服務，就該為台灣的百年久遠建立典章制度，我所認識的瑞隆，正是有著同樣信念與執著的人。

瑞隆有顆熱忱溫暖的心，懂得公平照顧眾人，尤其對越偏鄉、越弱勢、越艱苦的人，更知道要優先照顧，他總希望為這塊土地多做一些事，讓國家更進步，人民更幸福。相信未來瑞隆一定會繼續懷抱著青年時許下的心願，在經過人生半百的歷練後，眼界看得更遠，肩膀更頂得住壓力，也更有經驗、有方法，知道怎麼樣集合眾人之力，把事情做得更好。我要祝福他一本初衷，堅定向前走，邁向成功。

蘇貞昌

前行政院長

目錄

【前言】

政治是信念、是理想、是實踐

「致黃色小鴨的把拔：你們放心守護台灣，我們來守護你們。不是有希望才堅持，而是堅持才會有希望，所以青鳥不會放棄，繼續一起飛。」

這是反立法院擴權運動期間，我從青鳥手中收到的暖心小卡。這群習慣叫我「黃色小鴨把拔」的青鳥，親手寫下的一字一句，深深敲動我的心。

彼時，針對《國會擴權法案》引起的爭議，我在立法院內帶著民進黨委員高喊「沒有討論，不是民主」，外頭的無數年輕青鳥們，無懼豔陽和風雨，與我們站在一起，共同為了守護台灣的民主而努力。

幾次我們結束議事，走出立院和大家打招呼，會看到青鳥們大力揮舞雙手對我們大喊「加油」。我一方面欣喜於這些年富力強的世代，關心台灣的未來，極度珍惜且在乎我們擁有的民主；同時似乎也在那一張張熱切的臉孔，看到年少熱情、熱衷公共事務的自己。

從虛擬到現實，努力讓世界更好

記得小時候，我和大多數青少年一樣，喜歡打電動。國中時，首次碰到《勇者鬥惡龍》便愛不釋手，和國中換帖兄弟能從早一路玩到晚。在遊戲裡，惡龍會摧毀世界，而我作為勇者，必須去尋找好友和更多武器，提升自己的能力，一同為了擊敗惡龍而努力。

後來年紀更大一些，我玩起了《三國志》、《信長之野望》等策略型遊戲，得思考內政、外交的安排，存到足夠的食糧和金錢，擁有更多武器、兵源，以壯大自己的領土，以守護自己的國家。

我對公共事務的熱愛，正是源自於希望人民更好、國家更好的理想。對我來說，從事政治工作，能實踐這項理想，因此從高雄市政府觀光局主任秘書、新聞局長、海洋局長，再到後來當選三屆立委，甚至連任民進黨的中評會主委，都是運用人民賦予的權力，透過努力做事、溝通協調，說服人民，以擴大影響力、創造多贏。

進入政治圈近三十年，只顧著「向前衝」

有趣的是，進入政治圈近三十年，因只顧著「向前衝」的行事風格，每當完成一件事，便馬不停蹄繼續展開下一個任務，以致常常需要太太怡元提醒，才會逐步憶起許多小細節。

比方說，一九九六年，我初入社會擔任國會助理，以及後來進入勞委會、行政院新聞局工作時，怡元是台大醫院加護病房護理師，薪水比我還好，但二〇〇六年接獲花媽市長邀請，確定進入高雄市政府擔任幕僚後，我們毅然放棄北部的一切，一同南下。

有時和怡元聊天，她常會問我，記不記得到高雄的前幾個月，她和剛出生沒多久的芊聿還在台北，而我會在每週五忙完公務後，開車回到台北，直至週日凌晨孩子就寢，再驅車返回高雄上班的往事？老實說，這些重要且想來仍是有滋有味的記憶，只要被稍稍勾起，即便想忘也不容易。

太太老愛取笑我，不管在高雄擔任觀光局主秘、新聞局長、海洋局長，或是前進中央、就任民意代表等任何一個崗位，都彷彿是沒有回頭路般地「拚搏」，這性格說好聽是「古意」，若說是「固執」其實也行。

像是二〇一三年，我是高雄市政府新聞局長，她看著我天天一早六點起來翻遍所有報紙，再出門去開八點的晨會；後來將黃色小鴨首度引進台灣，成為「黃色小鴨的把拔」時，儘管創下三九〇萬人次參觀、帶動新台幣十億元商機的紀錄，卻也讓她必須帶著孩子，每晚到愛河灣來找我，才能享有難得的親子時光。

政治工作者很難不過著如此忙碌的生活，怡元當然會抗議我關注家庭的時間過少。這十多年來，我看著政治圈好友們的經歷、變化，也慢慢體會到，家永遠是自己最重要的依靠。因此在二〇一六年當選立委後，逐漸在工作和生活、家庭間取得平衡。

不過不得不說，當我全力衝刺，辦好高雄燈會、黃色小鴨和協辦世界運動會，並簽下五月天作為全台首個城市代言人，為港都的演唱會經濟拉開序幕；以及在立委任內，推動大林蒲遷村，讓兩萬名鄉親多年來承受的空污問題，有機會緩解；又或者是爭取新建國道七號、貨櫃車專用道，減少車禍死傷發生時，民眾不吝給予的掌聲和讚揚，以及願意在每一回選舉時，將神聖一票投給我的舉動，著實讓我獲得滿滿成就感。這正是我認為從政最迷人的地方。

人生半百，記下過往酸甜苦辣、鼓舞後輩

一九七三年生的我，也正式步入「五十知天命」的年紀了。值此人生半百之際，我決定將自己努力至今的過程、發生的種種酸甜苦辣，以及收穫的所有感觸，一一記下。一方面留做紀錄；但更重要的，是希望鼓舞更多年輕世代投入政治領域。政治是眾人之事，影響力大至世界、國家，當有更多具理想性格的人投入，才有機會讓人民的生活更好、社會國家更茁壯。

最後，如果我的故事，能讓你產生一點點共鳴，讓你更愛我們的家園，甚至更有做夢的勇氣，那都是我莫大的榮幸。

CHAPTER

01

從國會助理到勞委會

一九七三年十一月十五日，我在一個勞工家庭誕生。來自彰化大村鄉的父親，在十個兄弟姊妹中排行第二，母親也有三個手足，父母國小畢業後就外出工作養家。而我的親舅舅搬至高雄前鎮，爸媽則搬到台北板橋，都是為了尋求更好的工作機會。

熱愛運動，鉛球好手奪縣運殿軍

從小，我就愛打球，就讀國小時，便參加學校田徑隊、躲避球隊。還記得加入田徑校隊後，儘管我是鉛球選手，但某次衝刺練習時，我居然跑贏了專攻一〇〇公尺短跑的隊友，當然人家並沒有認真跑，我的運動天賦、爆發力卻也顯露無遺。後來我也直接成了小學運動會上的運動員宣誓代表。

進入板橋高中後，我過往的運動表現被挖出，加入鉛球校隊，每日認真勤懇練習，結果真的一舉在台北縣運動會中，獲得鉛球項目的第四名，前三名可都是出國比賽、國手級的選手！我也因此在高中畢業典禮上，獲得全校體育獎殊榮。真心感謝父母始終不干預我那自由的靈魂，總是尊重我的每一個決定。

從小關注公眾事務，選擇進入東吳政治系

高中聯考成績出爐，填選志願時，身旁有不少同學為了未來百般苦惱。意外的是，我看似只醉心運動，其實很早就決定志向——我要投身公共事務。

從小到大，我對公眾事務都頗為熱衷，與人交流、互動也相當自在，老是被選為班長、班代，為同學服務。老實說，我的性格一直頗具「批判性」，身邊親朋好友都習慣了我這種「看不慣就要說話」的性格，前陣子做MBTI十六型人格測驗，測得ENFJ「主人公」的結果，與我那堅持為正確事情發聲、大聲疾呼自己

價值觀的傾向，不謀而合。

時值一九九〇年代前後，正是台灣邁向民主化、風起雲湧的年代，原本就熱衷公共事務的我，看著施明德、陳菊等大前輩為理想願意拋頭顱、灑熱血，國家也陸續解除報禁、黨禁，年輕的心最是熾熱純粹，看了看成績後，我便鎖定老牌私校東吳大學的政治系。

在東吳政治系念書時，我一樣醉心運動，不僅加入排球系隊，還在學校運動會上，獲得鉛球、鐵餅的雙料冠軍。但身為政治系學生，看著國會全面改選、優秀的立委在立院問政，我漸漸萌生攻讀碩士班的想法，並鎖定台灣大學國家發展研究所為首要且唯一的目標；不然就是成為國會助理，直接進入體制內，改變些什麼事。

一九九六年二月一日，前行政院長蘇貞昌在卸任屏東縣縣長後轉戰立委成功，同年六月拿到大學文憑的我，正好看到蘇院長的立委辦公室開缺，未及細想那是民進黨內輩分多高的前輩，備好履歷便投遞過去，結果過沒多久就接到電話，要我過去面試。

經過筆試和院長的親自面試，我順利入選。他一共挑了幾位法案助理，包括我、現任臺灣菸酒副總經理廖志堅、前國發會副主委施克和、前政務委員黃致達，從大家的過往經歷、現今所在崗位來看，都已各擁一片天。

懷抱理想成為國會助理，在嚴格訓練下成長、茁壯

院長是律師出身，又當過地方首長，在他手下工作壓力著實不小。相信大家都聽過一件軼事：送給院長的資料，連釘書針都得釘在固定位置，以確保文件能被有邏輯、順手地翻閱。這樣的要求雖然嚴厲，但不啻是為恍若劉姥姥進大觀園的我，在處事方式、態度等方方面面，都扎下嚴實基礎。最令人佩服的是，院長看人眼光精準、執行力強，能讓懷有理想的年輕人，在嚴格的歷練後成長、茁壯，發揮所長。

在委員帶領下，我們這群年輕團隊士氣高昂，有時還會發揮創意，為黨內帶來

不同氣象。像是黨職選舉時，我們主動在場外排成兩排，向所有黨員問候、道謝。當時許多黨員直呼溫暖，說是首次感受到自己如此被重視，而且看到這麼多年輕幕僚展現活力，他們也看見黨內的希望與未來。

協助委員順利通過第十三屆台北縣縣長黨內初選後，先前哥哥就告訴我，我那勇於發聲、堅持正確的事的「調調」，和台大頗為合拍，肯定會遇到很多志同道合的朋友，有機會應該去看看。為了一償宿願，我全心準備台大國發所的碩士考試。一九九七年，潛心拚搏數月，我終於順利上榜。

二〇〇〇年，我成功拿到碩士文憑，爾後回到賴勁麟委員辦公室擔任助理。賴勁麟委員與賴清德委員交情深厚，一路從國大代表到立委，兩人的問政風格都是專業溫和、理性認真，兩個辦公室間亦經常交流互動。我與後來的賴清德總統，正是在當時認識，一路得到他的提攜，持續在政治路上一步步前進。

而賴勁麟委員除了專業認真外，也給予部屬極大的信任與發揮空間，充分授權我參與推動《環境基本法》、《再生能源發展條例》，甚至讓我坐上餐桌，與部會官員首長面對面交流、討論法案，這不僅為年僅二十多歲的我快速建立自信心，更帶來莫大肯定。賴委員的理性、溫暖、專業，深深影響了日後我的問政風格。

但與此同時，我也發現，隨著自己開始獲得信任、展現影響力，身旁的人會不吝給予極大禮遇。事實上，國會助理不論在外參與活動、用餐，都有人招呼簇擁，這一切，只希望你質詢時能友善一些，或是審查預算時，能少刪一些。我認為這並非正常現象，畢竟我只是個立委助理，如果拿掉身分，我其實什麼都不是。於是我一直有意識地告訴自己，如果想持續為公眾利益而努力，就要時刻節制權力、保持警醒，才不致迷失自我。

進入勞委會擔任幕僚，看到不同風景

二〇〇五年，時任勞委會（現為勞動部）主委的「花媽」陳菊，撥了通電話給賴委員，邀請委員擔任副主委。委員接下擔子後告訴我，副主委室下有兩個機要幕僚缺，有沒有興趣和他一起前進中央？對於沒做過的事，我向來躍躍欲試，加上當時已擔任十年國會助理，該學的、該練的都差不多體驗過一輪，應該再到新的環境接受刺激，便爽快一口答應，隨委員前往中央部會。那也是我與花媽的首度結緣。

在勞委會裡，我果真看到和國會相異的風景。花媽向來注重「溝通」，非常重視與勞工間的對話，而我協助推動保障勞工退休金的《勞工退休金條例》，就得和民進黨、國民黨等各黨立委與工會領袖「交陪」。記得第一天到勞委會報到，副主委與我前往工會「拜碼頭」，一去就被「以酒相待」，深切感受到工會領袖的草根氣息，他們一方面當然是展現熱情，但也帶點下馬威的意味，算是給了我一次震撼教育。

以前擔任國會助理時，與中央部會官員多為對立關係，但一旦進入政府部門、成為勞委會機要，就和官員變成「生命共同體」，當官員被攻擊、被責難，我都必須出面捍衛。正是透過這個機會，我開始學習「換位思考」，學著站在各機關、公務員的角度看待事物，並試圖找出最佳方案，說服立場各異的眾人，創造多贏。「多贏」始終是我很重要的人生哲學之一，不論是在高雄市政府擔任政務官、當選立委前進立院、在黨內盡中評會主委的本分，我在每個職位、投入每件事，都是朝著「多贏」的目標努力，此時的歷練，正好為我提供堅實養分。

另外，身為機要幕僚，必須協助副主委督導業務，「審閱公文」也是重要工作之一。我當國會助理時，只需要寫質詢稿，不必看公文，但公文是公務體系的溝通方式，藉由大量審批公文，除了加強協調能力，還能學習如何清楚論述問題，以及穩健做出好決定的技巧。這對往後我就任高雄市政府觀光局主任秘書、新聞局長、海洋局長等不同職務，都有極大幫助。

國會世代以社會中堅之姿，紛紛展露頭角

綜觀民進黨的發展史，從美麗島世代的施明德、許信良、林義雄和花媽等前輩，到律師世代的蘇貞昌、謝長廷、張俊雄、陳水扁，再到曾經參與野百合學運

的林佳龍、陳其邁、黃偉哲、賴勁麟、李文忠等野百合世代，以及國會世代的蔡其昌、吳思瑤、蘇巧慧、邱志偉、林右昌、何欣純、鄭運鵬和我等同儕們，然後是以林飛帆為代表的太陽花世代。這些世代的萌發，代表著民進黨精神的綿延與傳承，也象徵著在不同的大時代背景下，形塑出的政治圖像。

美麗島世代是從黨外時代一路走來，開創性強、為了理想能付出一切；律師世代則在理想性外，慢慢多了些實務、執行能力；隨著台灣邁向民主化，野百合世代在勇於挑戰框架制度的同時，還擁有柔軟身段與高度溝通協調能力；至於我所認為的國會世代，多是一九九〇年代國會全面改選後，立委大量晉用的助理，現任立委蔡其昌、吳思瑤、蘇巧慧、邱志偉、林俊憲、何欣純等人，都是循此途徑加入政壇，我們在老闆身旁邊看邊學，又接受扎實的行政訓練，建立處理政策、法案的能力，逐步從國會崛起；至於成長在數位時代的太陽花世代，對於議題的掌握、與年輕一輩的互動，又有一套新模式。

擔任國會助理時，我認識了許多同為國會世代、一輩子的好友。許多人不知道，我跟吳思瑤是小學、高中同學，她一直是校內風雲人物，演講、朗讀等語文競賽都由她出任代表，從板中畢業時，領的是智育獎，堪稱「文藝美少女」。二〇〇六年後，她出來參選台北市議員，我則於隔年前往高雄市政府擔任政務官，同學登山、各自努力。到了二〇一五年，我們同時決定參選立委，我以素人之姿，挺過艱險的黨內初選後；思瑤雖然順利通過黨內初選，但台北市向來是艱困選區，而她鼓勵團隊的方式，都是向大家喊話：「我絕對不能讓我的同學賴瑞隆先當選！一定要跟他一起當上立委！」神奇的是，我們還真的一起選上第九屆立法委員，並一路連任至今。另外，在我之後加入蘇貞昌立院辦公室團隊的張宏陸，如今也是新北市立委，多年來我們維繫著好交情，宏陸每每在選區遇到我的父母親，都會寒暄問好。

二十多年倏忽而逝，現在回想，當時擔任國會助理的我們，從未枉費時日，而是選擇並肩而行，在甘苦並行的時光中，養出革命情感。白天，我們擬政策、推法案、寫質詢稿，晚上八、九點忙完後，一群人去吃飯、唱歌至凌晨一、兩點，再散會回家休息，隔天又是一早八點多要趕著上工。同儕間因為推動政策、法案，需要緊密合作，甚至還組成讀書會，討論新知、交換意見。

在我看來，不論來自哪個黨派的立委，都有一定本事，有些還是國家未來的重要領袖。而優秀的立委必定需要優秀的助理，各部會派駐的國會聯絡員，同樣是棟梁之材，立法院就是全台政治能量最強之處。當我和這群能力強大的人共事，不僅節奏明快又過癮，更重要的是，自己還會「見賢思齊」。在菜鳥時期，我作為仰望者，只能看著前輩興嘆：「哇！那些人好強喔！」一段時間後，由於身處高度良性競

爭的環境，加上不斷追求自我成長，以及繳出的意見獲得委員採納、推動的法案通過三讀等實績，我也明顯感受到自己能力的提升。

前陣子，我遇到出身律師世代、高齡八十多歲的前行政院長張俊雄，他即便拄著拐杖，仍堅持參加黨內活動。每回見到我，他都會溫暖鼓勵：「要好好努力，加油！」接收蘇貞昌、張俊雄這些前輩的溫言教誨，我總是深深感激又深感責任重大。確實，與自己同一世代的同儕，隨著步入四十、五十代中流砥柱的年紀，已紛紛在政壇綻放光芒。如今，我成為中評會主委，思瑤是民進黨立法院黨團幹事長，林俊憲、蘇巧慧、邱志偉、張宏陸是中常委，蔡其昌更已擔任過立法院副院長。

民主的進程該是一棒接著一棒，政治永遠需要更多優秀人才投入，國家才會進步。在這個當下，我看到屬於國會世代的時代，正要開始。

CHAPTER

02

高雄，我的家

在我的人生中，曾兩度遇到政治重大挫折。第一次，是在二〇〇六年那段民進黨最低迷的時候。

二〇〇六年底，花媽在高雄直轄市市長選舉中，以一千一百一十四票的些微差距，當選高雄縣市合併改制前的最後一任市長。當時，她邀請剛離開行政院新聞局崗位的我，加入她的團隊，和她一起下高雄，為了港都打拚。

我回首過去的職涯，覺得自己滿懷理想踏入政治圈，努力了十年，卻好像沒有改變太多現狀，回頭又看到黨內士氣低落，難免感到挫折、茫然。

對黨、市民有所承擔與貢獻，毅然決然前往高雄

而當高雄市民給予花媽託付，花媽又進而向你提出邀約時，你很難不遲疑。我一方面想到自己一路走來，都是民進黨不吝給予支持、栽培，如今黨內走到低谷，

你會有一份責任和使命感，覺得自己應該有所承擔與貢獻。

但要是我獨自前往高雄，與家人分隔兩地，絕對不是長久之計；可若貿然要在台大醫院加護病房擔任護理師的太太怡元辭去工作，放棄熟悉的生活圈、朋友，亦並非我所願。我回家告訴怡元我的考量，結果太太只說，要是我想去，我們就一起去吧！

政治路走了數十年，我無時無刻不感謝當年怡元的這個決定。那時她有公務員身分，工作福利佳，月薪始終高於我；我也很清楚，她一直希望我繼續念書、走學術路，不僅有份穩定工作，還能作育英才，但她深知我內心對政治燒不盡的熊熊火焰，渴望看到國家的進步、為大眾謀求福利，因此願意支持我的理想而辭職，前往高雄生活，確實不是個容易的決定。

記得剛到高雄的頭幾個月，怡元和小朋友還在北部、尚未下南部。每週五忙完公務後，我會開車回到台北，陪伴家人，到了週日晚上，待孩子十一、二點就寢後，再開車返回高雄。每回我都是凌晨一點左右出發，約莫四點開到台南新營休息站，補眠兩小時，接著就直接開進高雄市政府，開始一週的工作。三個月後，我把板橋的房子賣掉，在高雄市政府附近買了間房子，我們全家正式遷籍高雄，結束分隔兩地的生活。這段往事距今近二十年，但想起那時的義無反顧，仍是甘苦兼具。

籌辦高雄燈會藝術節，首度從愛河擴大至港灣區

在二〇一〇年接任新聞局長前，我在高雄市政府內，經歷了新聞局專門委員、建設局專門委員和觀光局主任秘書等重要職位。新聞局的業務，因為先前有過中央的經驗，我是容易上手的；一年後，花媽希望再豐富我的歷練，便派我去建設局擔任專門委員。建設局其實就是現在的經濟發展局，當時觀光、農業、漁業、經濟發展相關的業務，都在其下，是相當重要的單位。而我擔任建設局專門委員的首個重要任務，便是負責舉辦「高雄燈會藝術節」。

一九九八年，高雄市政府為了迎接國際海洋年並配合愛河整治計畫，首度在元

宵節期間開辦大型燈會。二〇〇一年，台灣燈會第一次出走首都台北、移師愛河，此後，年節期間到愛河畔看燈會，成了高雄的傳統。

二〇〇八年，我接下籌辦燈會的任務，思忖燈會在愛河辦了幾年，是該有些突破。我曾造訪世界歷史最悠久、規模最大的愛丁堡國際藝術節，發現節慶舉辦期間，街頭、室內四處都看得到表演，路邊隨便一個街頭藝人，都能和遊客輕鬆互動，整個城市充滿了藝術氛圍。受到愛丁堡國際藝術節的啟發，加上那幾年，高雄港灣地區逐步開放，光榮碼頭、真愛碼頭轉型成觀光遊憩區，我心想，燈會可以在愛河之外，再延伸到高雄港灣，目的是讓造訪高雄燈會的市民、遊客，能如同在愛丁堡國際藝術節般，徒步環繞高雄，走到哪裡、玩到哪裡。

同時，我打算拉長遊客停留高雄的時間，不是看過主燈就走人。因此我們決定在既有的主燈之外，首度安排盛大水舞、高空煙火和舞團演出。愛河被當作一個大型舞台，每日施放例行性水舞，並找來俄羅斯舞團，站在愛河上空的吊車上表演，舞者會在空中投射燈的照耀下緩緩現身，使出渾身解數、展現曼妙舞姿，看得河岸兩邊的觀眾連連叫好；愛河灣是全台唯一可以合法施放高空煙火的場域，但我又在單純的煙火表演上，要求搭配水舞、打造主題組曲，裡頭有傳統台灣民謠、西方、流行音樂，讓煙火、水舞配合著音樂的旋律，行進到高潮時，煙火和水舞會同步綻放，要是遇到停頓，水舞和煙火也跟著休止，組成視覺、聽覺的雙重饗宴。

就連煙火施放策略，我們都別有用心。基本上每天晚間七點、九點各安排一場煙火秀，七點那場是為了吸引人潮，看完後還能四處逛逛，欣賞花燈、在市集採買，或是與街頭藝人互動。為了方便民眾走走看看，我們特別封街。臨近九點時，這些人潮會再度湧回，欣賞第二場高空煙火結合水舞的表演。另外，先前的燈會都自元宵節開始，但我們決定將時間往前拉，二〇〇八年的高雄燈會，是在大年初十正式開幕。

因為時間提早，團隊需要在年前先布置場地，讓所有東西就定位。小年夜前一、兩天，我們會試著打燈、施放煙火和水舞，說是彩排，其實是要吸引媒體、民眾關注。對電視台來說，那是最符合節慶氛圍的新聞；對民眾而言，則能堆高期待感，提醒大家年節記得來高雄賞燈、賞煙火、賞水舞。畢竟春節期間，雖然民眾會去迪化街、大稻埕、九份等地景點走春，但全台灣最大的活動，只在高雄燈會。

為了辦成燈會，團隊在背後著實費了不少心力，過年時無法和家人好好團聚已是犧牲，過程中還必須克服重重難題。比方說高雄港是由隸屬中央交通部的臺灣港務公司管轄，我們將燈會從原先僅有的愛河燈區，再擴增港灣燈區，又首次嘗試高空煙火，起初港務公司擔心危險，有些抗拒。當時在國民黨執政的情形下，我知道朝野對立無可厚非，但我仍然花了些時間，告訴他們適度讓高雄港、高雄市一起發展，才有共存共榮的機會；加上過程中的每一個環節，我都讓港務公司掌握狀況，清楚沒有安全疑慮，並在開幕式中，邀請總統、交通部的官員前來與會致詞，大家都與有榮焉。後來辦習慣了，他們甚至開始做起港灣上的生意，像是安排搭船看煙火遊程，也增加不少收入。

此外，我們將燈會範圍拉到先前的兩倍大，但市府資源有限，到底該如何辦成這場盛會？我不斷調整各方經費，利用增加的攤商收益，彌補開銷；同時稍微壓低主燈價格，再將多出的經費挪去水上舞台，想方設法用有限經費取得最大效益。

擔任二〇〇九世界運動會執秘，率領團隊展現高效

二〇〇九年，適逢高雄舉辦世界運動會，我又兼任了世運執行秘書，負責票務、行銷等工作。世運是在駐日大使、前高雄市市長謝長廷於二〇〇三年的任內，敲定要在二〇〇九年舉行，因此就由花媽來執行。

花媽特別邀請現任內政部長劉世芳，擔任世運常務董事。劉世芳很快聯絡我，說明她得負責籌備世運，希望我能一起幫忙。世運和奧運一樣，每四年舉辦一次，但由於競賽項目是以拔河、健力等非奧運會項目為主，賽事中缺乏耳熟能詳的運動員、參賽國家又少，關注度本來就不如奧運；加上同一年，首都台北同樣在舉辦聽障奧運，外界更是一片不看好。但我無暇顧及外界想法，只想到這是市府、高雄重要的大事，只准成功、不許失敗，二話不說立刻加入團隊。

接下世運執秘後的首個任務，是「售票」。或許有人會覺得，賣票有什麼難的？其實裡頭大有學問。當時是二〇〇九年一月中，我一接到任務，就把標到案子

的拓元售票系統找來開會，商量售票事宜。世運在七月中舉辦，票則預計在四月一日開賣，我問拓元售票系統創辦人邱光宗，現在情況如何？他苦笑告訴我，各個場館的開放區域、座位數和總數都還未清出，他實在沒把握能如期開賣。邱光宗說，除非我能在兩週內將位置清點完畢，四月一日才有可能開始售票。

我聽了之後當場應允，會在兩週內提出可以銷售的場館與座位數清單，並親自去找出問題所在。我發現，世運場館多，大至主場館、小至學校體育館，每個場地規模、座位數都不同，先前就是缺一個人來緊盯每個場館的座位數，才會發生遲遲開不出座位的窘境。了解情形後，我盯著工務局在一週內清查出座位總數，讓賣票這件事，不至於在四月一日成為「愚人節玩笑」。後來邱光宗跟我說，幸虧那時我來了，事情才能順利啟動，他為四月一日可能「開天窗」，擔心了好一陣子；也有些同時承包台北聽障奧運的廠商向我回饋，高雄團隊的執行力與行政效率，讓他們印象深刻。

票券順利開賣，儘管有些國人不熟悉的冷門項目，但某些企業一次豪氣認養數百張，售票情形倒也不差。七月十七日開賽第二天，台灣選手黃郁婷在滑輪溜冰競速項目中，為台灣奪下首金的消息，透過新聞持續放送，世運的熱度逐步被炒起來，大家紛紛想進場為台灣健兒歡呼吶喊。

此時，我們又遭遇到另一難題。有些購買全日票的觀眾，不一定會整天留在現場；抑或是認養多張票券的企業，未必通通發出，但我們希望讓更多國人進場，為選手加油，因此「掌握進場總人數」，成了重點。當時我在現場的工作，就是時時調度座位數，要是一場賽事只坐了八成滿，我們就會相應再開賣兩成現場票，盡量將上座率控制在九成以上，將熱切的氣氛推到最高點。

為期十一天的世運，在七月二十六日正式畫下句點，台灣健兒獲得八金、九銀、七銅總計二十四面獎牌的佳績。我深深記得，在閉幕式上，國際世界運動總會會長朗佛契（Ron Froehlich）對於高雄在這段時間的努力給予高度肯定，他直言：「這是有史以來最成功的世界運動會！」這也是對高雄團隊最大的鼓勵。

港都溫暖、善良又熱情，歡迎來到我的家

籌辦高雄燈會藝術節、參與世界運動會，對我的職涯、人生，都是重要的經歷與收穫。在中央工作時，儘管我必須協助許多交辦事項，但那時更多是「練功」，藉由這些經歷，把自己的底子、能力，培養得再深厚一些。那到了高雄，就是大展拳腳的時候了。我可以運用政府編列、議會通過的預算，和一群優秀公務員、廠商共同將想法付諸實踐。尤其花媽的施政風格，是會授權團隊盡情發揮，一旦她將任務往下交辦，就代表全權放手；只要清楚報告想法、點子，基本上她都會尊重且信任團隊的專業、判斷，這讓我在市府經歷過的每一個職務，從新聞局專委、建設局專委、觀光局主秘，到後來的新聞局長、海洋局長，做起來都有一展身手的成就感。

更重要的是，藉由高雄燈會藝術節、世界運動會這些大大小小活動的舉辦，我深刻感受到整個城市的溫暖、善良與熱情。我始終認為，要讓一個活動成功，一

定要點燃人民的熱忱跟認同感，所以當時我們花了許多力氣，讓市民覺得「這是高雄人的事」，大家必須「力挺」。結果，高雄鄉親都給出超乎預期的回應，除了市府各局處各司其職、一同打拚，連市民都生出滿滿光榮感，就是要讓前來高雄的外賓、運動員、遊客都「賓至如歸」。我自己的親身經歷是，台灣最美的風景是人，看到外國人在台北問路，台北人會親切為對方指路；但高雄人更特別，他們不會等到對方開口，只要看你一臉疑惑，直接就會上前詢問是否需要幫忙，接著甚至要你跟在他機車後面，由他親自帶你前往目的地！

高雄是個熱情與溫暖的家園。即便在彰化出生、板橋成長，接著又在台北工作了十年，我仍然無法習慣都市人之間的疏離。相較之下，走在高雄街頭，我始終怡然自得，想吃遠近馳名的肉燥飯、關東煮，不需要排長長的隊伍，三兩下就能嚐到庶民美食，停車位又好找，做任何事都閒適自在。

立委同仁都清楚，我有很深的「戀家癖」，自從二〇一六年當選立委後，就開始實踐「北高一日生活圈」。現在，只要搭上高鐵，過了板橋、離開城市範圍，我的身心靈會自動緩緩放鬆。接著一路南行，到了台南、進入岡山，一些明顯的景象會提醒我：「到家了！」例如有時台北在下雨，高雄卻總是天晴；台北溫度較低，港都永遠有溫暖熾熱的陽光。有時因為公務留宿台北，我甚至會睡得不太安穩，覺得少了家的溫暖。

我的家人、選民，最重要的一切都在港都了。高雄，就是我的「家」。

CHAPTER

03

開創港都演唱會經濟

二〇一四年七月三十一日，是高雄人永遠難忘的一天。那時我擔任海洋局長，晚上近十二點時，突然間，「砰」的一聲響起，聲音大到窗戶都微微震動，我立刻知道有大事發生。看了市府群組的消息，前鎮、苓雅區發生氣爆。我換上衣服，趕緊便往指揮中心奔去。

在高雄氣爆發生之初，各局處首長忙著溝通救災事項，儘管我已卸下新聞局長、改任海洋局長，不再負責統管新聞發布，但仍然扮演後勤角色，協助各局處協調緊急事務。

一路忙到半夜將近三點，我的臉書跳出一則訊息。我點開一看，是五月天主唱阿信傳來的。他說，團員們看到高雄氣爆的新聞，清楚事情的嚴重性，希望能先拋磚引玉捐出一五〇〇萬元，陪伴高雄度過難關。

那時所有人忙著救災，捐款帳戶都還沒開出，但五月天第一時間已經在思考，該如何用自身的影響力提供協助。我看到那則訊息的當下，內心的感動無以復加，知道五月天就是高雄的家人。

而阿信、五月天會如此暖心，其實是因為早在二〇〇八年，高雄市政府就和他們結下淵源。

世運結束後，助五月天首登國家體育館開唱

當年，我還是觀光局主任秘書，負責籌辦高雄燈會藝術節，需要安排開、閉幕式的主秀表演。團隊開出一整排藝人名單，聲勢直上的五月天，是討論的重點之一。儘管我從高中起就愛聽古典音樂，但像陳昇、伍佰這些台式搖滾，我也聽得不少。自從熱血又清新的五月天誕生後，我當然沒有錯過，〈憨人〉、〈倔強〉都是我非常喜歡、會在低潮時聆聽的作品。而燈會團隊經過討論，認為要是由形象正面、陽光的五月天負責主秀演出，一定能將場子炒得火熱。

首年燈會結束，五月天的表演水準沒話說，燈會期間又積極協助拍片宣傳，與市府合作相當愉快，自此，天團一連擔任了三年的高雄燈會藝術節代言人，與高雄

的緣分也愈來愈深。除了貝斯手瑪莎本來就是高雄人，後來吉他手石頭向太太狗狗求婚的演唱會，就是在高雄。

加深高雄和五月天緣分的一大關鍵，是二〇〇九年底世運主場館演唱會的舉辦。那年七月，我剛忙完世界運動會，相信音樂創辦人陳勇志主動找上我，提到五月天有意在年底辦一場五萬人的演唱會，地點就想選在世運主場館。

我知道五月天已經有在台北辦過萬人演唱會的經驗，這次拉來高雄，是想挑戰更大型的場館。如果能成功，勢必能讓五月天的聲勢再上一層樓，但要是票賣不完、演出不順利，對他們也是個挫折，因此相信音樂相當慎重看待此事，想聽聽我的意見。

對高雄市政府來說，世界運動會辦得成功，緊接而來的挑戰是如何善用、活化場館。不可能年年都有世運會這樣的國際級賽事，勢必要多角化經營。放眼世界各國，許多重要的運動場館，都是演唱會場地，這為高雄提供了借鏡。出租場館、舉辦演唱會增添收入，不失為一個好選擇；而且演唱會還會吸引大量人潮湧入城市，促進地方經濟。多方考量後，我們很快和相信音樂達成共識，決心要辦好這場演唱會，並藉此向全台灣、全世界宣告，高雄有舉辦大型演唱會的能力。這正是高雄「演唱會經濟」的起始。

將演唱會辦得精彩是大家的共識，內部的舞台、燈光等各種演唱會相關的安排，就交由專業的相信音樂負責，市府則聚焦周邊的溝通、聯絡等行政工作，從交通安排、安全維護、人員疏散到周邊飯店的住宿，我們都比照世界運動會開閉幕的五萬人規格，盡力提供完整的配套。比如說，我會和相信音樂的主管，一同拜訪世運主場館的鄰里，針對交通、噪音等問題，與里長事先溝通；發現住宿處不夠，我們也協調廟宇開放香客大樓；知道演唱會結束後，大家會想逛夜市、吃宵夜，等於十點到凌晨一、兩點會多出一波用餐高峰，我們則提醒附近商場、瑞豐夜市和六合夜市的管理委員會，要延長營業時間、多備料，營造整個城市都支持這場盛會的氛圍。

後來的事情，大家都知道了。五月天首登世運主場館的演唱會，五萬張票在四十八小時內售罄、住宿一房難求，天團也使出渾身解數，讓所有歌迷聽得如癡如醉，並為港都帶來龐大商機，奠定高雄作為「演唱會經濟始祖」的基礎。看到台灣天團的經驗，近幾年，天后張惠妹、韓國女團BLACKPINK、紅髮艾德Ed Sheeran、英國天團Coldplay，陸續前來高雄開唱，每場演唱會同樣一票難求，甚至還引起陣陣「追星熱」；五月天更是每隔一段時間，就會回到世運舉辦演唱會。儘管期間市府團隊經歷更替，但大抵都延續了一開始我們開創的模式，只是市府會隨著科技進步，再增加「智慧運輸系統」等工具，並進一步擬定宣傳活動、發放商圈夜市優惠券等策略，以刺激經濟。

等於是我們在二〇〇九年，便為全台的演唱會經濟起了個頭，如今包括桃園、台中等其他城市，都積極爭取國際級演唱會。我深知開疆闢土的辛苦，但我們作為領頭羊，摸索法規、命令，與各局處、單位磨合，先過了第一關，後續其他縣市要跟進就容易得多。現在大家看到散場後，捷運站長會唱歌，讓等車的歌迷繼續大飽耳福，其實早在五月天在世運開唱時，高捷就提供這項服務了呢！

全台首創城市代言人，不二人選五月天

到了二〇一〇年底，我正式接任新聞局長，一方面要顧好市政宣導、市府新聞，同時要負責高雄對外的整體形象與行銷，例如新聞局每年固定會製作《高雄畫刊》，藉由裡頭的報導、照片，向讀者介紹港都風情和各個吃喝玩樂景點。但我認為這樣遠遠不夠，應該設法將高雄的美帶出台灣、走向國際，於是隔年，我尋思要替高雄找個「城市代言人」。當時討論的名單中，已經與高雄建立深厚關係的五月天，自然是不二人選。我們看好五月天在燈會藝術節、演唱會帶來的效益與商機，期望能將短期的效益、商機擴大至全年。只是相信音樂告訴我，交通部觀光局（現為觀光署）已經與他們接洽，打算邀請五月天擔任台灣觀光形象代言人，要是雙方確定合作，就只能和高雄說抱歉。幸好沒過多久，我就收到好消息，相信音樂和觀光局沒談成，高雄市政府順勢把握機會，五月天正式成為全國首創的城市代言人。

但五月天可是「亞洲天團」，我們的經費有限，該如何讓這組代言人發揮最大

效益？當時我和團隊絞盡腦汁，在城市行銷的預算之外，又東挖西補，找了道路安全宣導的經費，試圖讓五月天的影響力，傳送至高雄的每一處。在一般民眾的認知中，道路安全宣導都相當生硬，通常是用影片告訴大家過馬路要停看聽、騎機車要戴安全帽等訊息。但不知道有沒有人記得，二〇一一年高雄市的道路宣導影片格外特別，原來是五月天每位成員都粉墨登場，拍攝短片叮嚀民眾搭車要繫安全帶、紅燈不右轉，運用他們正面、陽光的形象作為榜樣，廣告最終大受歡迎，並推翻了原先呆板的制式影片。

五月天也隨著我們南征北討，前往香港、北京等地舉辦「高雄城市行銷記者會」。五月天每年都會在香港、中國各大城市開唱，在華人世界極具影響力，而市府在和旅行社規劃好套裝旅遊行程後，就由五月天出面，號召各地華人造訪高雄。當時每場記者會都造成轟動，吸引數十家媒體出席。北京記者會那天，阿信身體微恙，自覺在記者會上表現不好，之後還主動補了一場上海的記者會。透過在中國宣傳、微博上發文，高雄的美可以傳送全世界，我們等於是在社群網絡尚未蓬勃的時代，就善用網路的力量，行銷高雄。

五月天另外還在高雄創下一項新紀錄——高雄捷運單日四十七萬人次的運量。二〇一二年最後一天，五月天安排晚間九點在世運主場館開唱，那年在夢時代的跨年晚會，也是由新聞局籌辦。我們便商請五月天，七點先為夢時代唱開場，接著再趕往世運主場館，準備自己的主秀。那晚，五迷跟著偶像轉捷運、換公車東奔西跑的，破了捷運單日運量的紀錄，即便後來有BLACKPINK、Coldplay等國際天團降臨高雄，至今仍無人能敵。

有件趣事也不能不提。其實，五月天曾讓我吃過一個大苦頭。每年，新聞局都會印製新年月曆，二〇一一年底，我想既然都邀請天團擔任代言人了，用他們的肖像來設計新年月曆，應該會頗受歡迎，於是便印了十萬份的五月天月曆，作為文宣品發送。結果萬萬沒想到，月曆一出，人人爭搶著索取，網路上甚至喊價到一份二五〇元。一份難求的月曆，也讓在野黨議員連續五天將我叫到議會、排定專案報告，以「月曆到底被發到哪裡去」為由質詢我。過往議員從來不會關心這種免費文宣小事，我覺得無辜又委屈，當時的高雄市議會議長還安慰我說，這不是我的問題，是這波行銷太成功，才會引發分配爭議。

後來很多人問我，當初怎麼會想找五月天擔任城市代言人、大力支持演唱會經濟，答案很簡單——因為那對高雄、對五月天都好，可以創造「多贏」。二〇二四年，新加坡政府以每場二〇〇至三〇〇萬美元補助的條件，邀請美國流行天后泰勒絲（Taylor Swift），獨家舉辦六場演唱會，讓星國首季便迎來四三五萬人次的海外觀光客，較前一年增加五十%。而高雄市政府不比新加坡政府，沒有雄厚經費，但我們有豐富的經驗、友善的團隊，能攜手各單位斬獲最大效益。以二〇一二年來說，高雄在五月天加持下，觀光人次大幅增加近一〇〇萬人次，成長逾二十%，當時「到高雄旅遊」儼然形成一股風潮。

建立革命情感，天團始終與高雄同在

如今，即便高雄的城市代言人已經換過幾位，但五月天在高雄留下的痕跡，卻散落在城市的各個角落，無法抹去。

在五月天D.N.A創造世界巡迴演唱會上，「大黃蜂機器人」是重要的舞台道具，演唱會巡迴結束後，相信音樂居然主動說想捐給市府，我們驚喜之餘，決定放在駁二藝術特區。現在只要一看到那隻大黃蜂，所有人都知道「駁二到了」。有趣的是，五月天之後的演唱會要復刻大黃蜂，特別又商借回去，帶著它巡迴一圈，結束時還重新上漆、整理，才送回駁二。而在「Just Rock It! 就是世界」巡迴演唱會中，也有一隻「未來巨象」，這回巡演結束，五月天又說要捐，當時我已經是海洋局長，心想駁二有大黃蜂，但興達港情人碼頭仍空無一物，便建議不如放在那裡，五月天同樣一口應允。有段時間巨象有些壞損，相信音樂一樣負責保固，把它打理得完好如新。

氣爆過後幾個月，五月天仍然持續關心高雄的復原進度，也表達要在捐款之外，再多做些什麼。很快的，他們決定在二〇一五年元旦，率領相信音樂的亂彈阿翔、丁噹、白安、宇宙人等一眾歌手，在氣爆災區舉辦一場免費的「NEW! 再創新高」迎新演唱會。為了這場演唱會，阿信特別私下先來探查地方的復甦情形，他說，舉辦演唱會不僅希望撫慰災民、高雄人的傷痛，同時也是告訴其他人，高雄已經漸漸復原，歡迎大家再次造訪，享受港都的美食、美景。

在我看來，五月天決定在氣爆災區開唱，是相當大膽的決定。基本上，一般名人、企業碰到天災，多是選擇捐款展現關懷，未必會跳到第一線。但五月天前往災區開演唱會，牽涉的層面就複雜了，你永遠不知道開唱時，會遭遇哪些突發狀況，可能有感謝你來鼓勵高雄的歌迷，可能也有情緒激動的災民，或是認為你在幫市府背書的民眾。以五月天的響亮名氣，其實不需要身先士卒，冒著風險在第一線承受壓力，但他們已經與高雄建立革命情感，堅持要在港都最困難的時候，全力支持。

事實上，五月天從來不乏對高雄的回饋。從二〇〇九年首度在世運開唱，便以五月天和市府的共同名義，捐贈部分收益；二〇一六年，他們再捐一五〇〇萬元的演唱會所得，給高雄市政府社會局和陽光基金會；演唱會中，他們場場免費贈票，邀請偏鄉、弱勢的孩子，前來共襄盛舉。五月天擔任高雄城市代言人的費用是八〇〇萬元，卻捐回七二〇萬給高雄市府，五個人實際只拿八十萬；氣爆之初，阿信就表態要捐一五〇〇萬元，後來又陸續捐了三二〇〇萬元，總計擔任高雄城市代言人的四年期間，共捐出逾七〇〇〇萬元。

和五月天一樣，不畏阻礙、兢兢業業

二〇一六年，我卸下政務官身分、當選立委，和五月天沒有了合作關係，卻成了朋友。我特別記得，二〇一二年五月天的跨年演唱會中，阿信在例行致謝時，依序點名感謝高雄市政府、新聞局，並提到了我的名字。結果演出結束前，他突然又在五萬人面前，感性地再說了一次：「謝謝瑞隆哥。」這無疑為我帶來滿滿的感動與鼓勵。

二〇二四年三月，我坐在世運主場館，參與五月天成軍二十五週年的巡迴演唱會。看著所有成員賣力演出，阿信、瑪莎搭巴士繞場時，又特別「隔空」向我打招呼，心中不免有些感觸。有時候你投入某些事，難免遇到困難、阻礙，就像多年來，隨著五月天的名氣愈來愈響亮、粉絲愈來愈多，遭遇的負面新聞也不少。但在我看來，五月天的本質始終未變，他們總是堅持用熱情、溫暖和真誠，感動世界。

雖然我不玩樂團、不可能成為歌手，可是我投身政治、擔任立法委員，跟五月天一樣，都在自己的崗位上兢兢業業，並時時刻刻提醒、期許自己，要在我的領域持續散播正能量，讓人民、讓家園更好。

公司
TOUR

CHAPTER

04

黃色小鴨帶來城市新印象

在我立法院辦公室的牆上，掛了一張二〇一三年、黃色小鴨在高雄展出的海報。每每工作疲憊時，看一看那張海報，我就立刻能從中獲得滿滿能量。這就是黃色小鴨的神奇之處，也是當年我決定爭取小鴨到高雄展出的最大原因。

二〇一一年，我在擔任新聞局長期間，找來五月天擔任高雄的城市代言人後，我們隨即展開「高雄不思議」的城市行銷計畫，從舉辦燈會、演唱會到大小展覽和活動，大大拓展了高雄在全世界的知名度。但精益求精，我始終期望能多加著墨高雄的國際行銷，讓全球關注到高雄的轉型。此時，有同仁注意到黃色小鴨曾在日本大阪展出的消息，認為小鴨來到同為港灣城市的高雄，應該會很有看頭，我便將腦筋動到了黃色小鴨上。

事實上，黃色小鴨原先是歐美家庭浴室中常見的玩具，荷蘭概念藝術家弗洛倫泰因．霍夫曼（Florentijn Hofman）特別將小鴨放大，並放置在世界各地的港灣城市中，希望為人們重溫兒時舊夢，帶來愛、和平與療癒感。而高雄恰恰是港灣城市，與小鴨的意象和調性不謀而合。我向花媽提出想法後，花媽很快派李永得副市長、我和一位會德語的科長，於二〇一三年五月組團前往香港，與霍夫曼懇談。

記得為了展現誠意，科長先是使出渾身解數，陪著曾留學德國的霍夫曼談天說地；我們還送上高雄的鳳梨酥，不只收服霍夫曼的胃，也是展現專屬高雄的特色。而向霍夫曼簡報時，我們詳細說明了高雄幾年來的蛻變，包括二〇〇九年時，舉辦史上最成功的世界運動會，以及邀請亞洲天團五月天擔任城市代言人等成果。在那之前，霍夫曼從未造訪高雄，對港都幾乎毫無概念，但聽完我們的簡報，他欣然應允，承諾讓高雄成為小鴨落地台灣的首站。

我們和霍夫曼達成幾點共識。首先是建議將展覽地點設置在愛河灣，愛河灣本來就是高雄燈會的舉辦地點，對於要在此舉辦大型活動，我們駕輕就熟；霍夫曼也從藝術家的角度建議，讓愛河灣維持原先樣貌，周邊不刻意布置，包括攤商、市集，都和展場保持一段距離，拉出一隻可愛又療癒的黃色小鴨，徜徉在高雄港這個大澡盆裡的純粹畫面。其次，高雄的冬天涼爽宜人，加上中秋節是台灣傳統團圓的日子，又是國定假日，為了吸引民眾前來共襄盛舉，我們也決定將開展時間定在中秋四天連假的首日。

五月天阿信打強心針，下定決心把展辦好

團隊和霍夫曼相談甚歡，但在簽約前，其實還有幾個小插曲。由於黃色小鴨在台灣缺乏知名度，我提出要帶來高雄策展的想法，遭受不少質疑，不僅市府從未編列過相關預算，也有人說這要花錢，實際效益卻不明。在多重困難夾擊下，我曾一度想著，是不是放棄算了？就在這時，五月天阿信傳訊息給我了。

阿信很早就注意到黃色小鴨給人的正向力量，他作為高雄城市代言人，認為小鴨若是來到高雄、來到港灣，彼此能相互輝映，他相信高雄有了小鴨加持，在國際上將能大幅提升能見度。其實，阿信和我是「所見略同」，只是在不被看好的情形下，我難免喪氣，因此，他那時的鼓勵還真是一劑強心針，讓我更加篤定要把活動辦成。

幸好，後續簽約逐漸塵埃落定，我們也進入緊鑼密鼓的籌備階段。「鴨皮」製作是最重要的大事，當時，香港做的小鴨是亞洲最大，足足有十六公尺長。但紀錄

就是用來打破的，高雄因為有過舉辦燈會、打造十八公尺高主燈的經驗，因此和大氣層事業公司合作時，我們決定用二四〇片形狀各異，總長八四〇公尺、相當於兩座台北一〇一高度的PVC塑膠布，縫出一隻十八公尺高、二十五公尺寬、一〇〇〇公斤重的黃色小鴨，最終果然一舉創下亞洲最高、世界第二大的紀錄。後來桃園、基隆在做小鴨時，都是比照高雄的規格辦理。

我們另外還在小鴨的肚子裡，設置了兩部鼓風機，充飽氣後得要四十個人牽手，才圍得起來；在鴨屁股處，有個二十四小時不停送風的拉鍊口，除了維持小鴨飽滿可愛的體態，也方便工作人員進出維護。而總重約十一．五公噸的浮台，相當於兩隻非洲象的重量，一樣是眾人熱議的話題。

在行銷上，雖然黃色小鴨自二〇〇七年起，便開始在歐洲等城市舉辦展覽，但當時在亞洲的知名度還不算高，因此我們採取循序漸進的宣傳策略，除了辦記者會、發新聞稿，在做浮台、製作鴨皮、彩排等不同階段，也逐步釋放消息。像是告訴民眾，高雄將比肩大阪、香港等城市，有巨型小鴨進駐；又或者是顯眼的黃色鴨皮，出現在愛河灣的各處彩排時，實在很難逃過民眾的「法眼」，「追逐小鴨」的氛圍就這麼醞釀到開幕當天，所有人的期待都被推到最高點。

九月十九日開展當天，不僅陳菊市長、霍夫曼親自出席，由於那天正好是中秋節四天連假首日，北部、中部等全台各地的人潮蜂擁而至。那時光榮碼頭旁還沒有高雄流行音樂中心等近年才落成的建築，周邊仍然一片空曠，人流將整個碼頭擠得水洩不通的畫面，至今我仍印象深刻。

秋颱天兔攪局，消風收小鴨也成為看點

儘管開幕式相當順利，但當天我們立即遇到第一個大難題——秋颱「天兔」攪局。團隊需要立刻判斷，是要繼續如期開放，還是要暫停一天，先將小鴨洩氣、收入光榮碼頭內。幸好當了三年多的新聞局長，我經常陪著花媽前進指揮中心，對颱風天氣有所掌握，因此當下我認為，開幕當天下午，在天兔慢慢靠近的情形下，

氣象局會發布海上颱風警報，早上舉行開幕沒問題，但到了下午，為了避免風雨增強，讓民眾和小鴨陷入安全疑慮中，必須得暫停活動，將小鴨消風收起。

要消風小鴨，得先吊上陸地再洩氣，而小鴨充飽氣和洩了氣後的模樣截然不同，處於消風狀態的小鴨，低垂的頭彷彿睡著一般，相當可愛，當時因為還無風無雨，如此有趣的畫面，民眾自然不願錯過，紛紛留在愛河灣欣賞；隔天，天兔颱風迅速遠離後，由於未對高雄帶來過多影響，小鴨很快又能出來見客，重新充氣時，再度讓遊客看得津津有味。而這所有過程，都被媒體當成颱風天的大事，二十四小時持續放送，成為全台焦點，愈來愈多人對小鴨萌生濃厚興趣，決定來高雄一瞧究竟。

當人變多，第二個考驗又隨之而來。原先我們會在夜間十二點讓展覽全面熄燈，但工作人員發現，儘管燈熄了，仍然會有民眾與親朋好友來港邊吹海風、看小鴨，有人的地方難免製造垃圾，大半夜的，光榮碼頭默默堆積了不少垃圾。我在那之後就意識到，黃色小鴨其實是個二十四小時不間斷的活動與場域，因此決定調派人手，維護整個場域的清潔。

我辦任何活動，始終將場地的整潔視為首要大事之一，因為那是城市現代化的象徵，就像台灣人最愛造訪的日本，平常在街頭上，幾乎很難看到什麼垃圾，這便是日本進步的最佳證明。而在展中，為了做好整潔工作，我要求負責場地的得標廠商，一定要按時清理場地；市府同仁則採取「輪班制」，科長、科員固定排班巡守。我自己則是不定時去巡視場域，我清楚告訴廠商，要是被我巡到垃圾，第一次是警告，第二次就是換廠商了；至於科長、科員們，初次同樣是給予警告，再被抓到就是記過。儘管規定看似嚴厲，可是同仁也深知，我是賞罰分明的人，活動大功告成後，我記小功、大功同樣不手軟。

另外，我們在小鴨旁設置了個二十四小時的指揮中心，輪班的工作人員，要確保小鴨隨時處在充飽氣的狀態；潛水伕和保全人員，則必須確認浮台綑綁的位置，以及周邊場域的安全。

嚴謹的原則發布下去，團隊都兢兢業業，廠商巡得勤、同仁盯得緊，就算大批人潮在四十間流動廁所來來去去，仍然能維持一定程度的整潔；小鴨也始終精神奕奕，沒有洩氣、漏氣。許多媒體朋友嘖嘖稱奇，頻頻追問我團隊究竟是怎麼做到每天數十萬人參觀，地上居然一塵不染、沒有紙屑？他們都覺得不可思議，我只能說，這就是我們的努力與堅持開了花、結了果。更令我驕傲的是，既然民眾對小鴨的新聞樂此不疲，媒體就得做，但做來做去還真的都是正面新聞，想抓到一點錯處都難。

老實說，展覽的那一整個月，我幾乎全天都在光榮碼頭巡視場地、照看小鴨，二十四小時像陀螺般轉個不停。而花媽和太太、孩子，在那段時間給予團隊和我，相當強大的支持。當時，花媽除了親自參與開幕與閉幕式，她還會在每天忙完市府的工作後，帶著點心繞過來，關心慰問同仁；太太則會在每晚九點多時，特別與孩子來找我聊天、用餐、看小鴨，待吃飽後她再帶著孩子回家就寢。後來回想起這段經歷，我都覺得對家人有些歉疚，別人家的太太、孩子來光榮碼頭，都是開開心心找小鴨拍下各種美照，他們卻是來伴我工作。

高雄小鴨，救火桃園、基隆

十月二十日，在眾人依依不捨的道別聲中，高雄小鴨活動結束，緊接著便輪到桃園和基隆展出。但桃園、基隆的那兩隻小鴨可謂命運乖舛，首先，在桃園新屋後湖埤展出的那隻小鴨，因為充氣過了頭，不慎爆掉，時任桃園縣縣長的吳志揚，緊急致電花媽，央求高雄出借。當時花媽來問我，我說只要市長同意，執行出借沒問題，但我特別拜託，桃園一定要小心對待高雄小鴨，畢竟這隻鴨和全高雄市都有了感情，我們不希望看到它受到任何傷害。後來確定出借，我們派了團隊一路護送小鴨到桃園，並在現場全程協助設置、充氣，幫助桃園度過難關。解決了桃園的難題，萬萬沒想到，二〇一三年的最後一天，小鴨在基隆展出時，再度爆消成一張鴨皮，這回，高雄小鴨當仁不讓，又出面「代打」了一次。

小鴨的能量就是這麼強，帶來了愛與和平與說也說不完的趣事，同時還創造了巨大的效益。根據統計，高雄小鴨一個月的展出期間，共吸引了三九〇萬人次前往參觀，創造超過新台幣十億元的商機，當時鹽埕區的商圈還發放優惠券，就是要刺激消費；現在在地方服務，許多商家見到我，少不了拉著我大聊當年的演唱會和黃色小鴨展覽，他們總是津津樂道地說，這兩次絕對是他們參加過「賺最多錢」的活動，尤其展出小鴨的那個月，簡直跟過年一樣熱鬧。甚至還有人笑說：「只要跟著賴瑞隆辦的活動，一定能賺到錢！」負責製作鴨皮的大氣層事業公司，由於高雄的展出相當成功，也一舉躍上國際舞台，紛紛開始接受各單位的委託。像是二〇二三年香港展出的兩隻黃色小鴨，就是由大氣層負責製作。

促進地方經濟繁榮是一部分，但我認為黃色小鴨的到來，代表了高雄已從過去的工業城市，正式邁向文化創意城市。過往大眾對高雄的印象，是重要的港口城市、工業都市，但因為黃色小鴨的展出，不論是高雄人、台灣人，都突然開始意識到，高雄變得不一樣了。這點，從國際媒體的露出可以看出端倪。

展覽期間，新聞局團隊每天監看媒體，除了國內新聞台熱播小鴨新聞之外，連CNN、BBC、NHK等國際媒體都持續報導小鴨在高雄的展出，一下子，高雄與荷蘭阿姆斯特丹、澳洲雪梨、日本大阪等國際一級城市相提並論，能見度大幅提升。過去在台灣，這是只有首都台北才能擁有的機會，能被國際媒體不間斷放送，是用錢都買不到的。而霍夫曼在高雄展覽結束時也直言，高雄的黃色小鴨，是最成功的展出，甚至比大阪、香港等國際知名城市都出色。

小鴨見證高雄轉變，也是人生代表作

距離二〇一三年高雄黃色小鴨至今，十一年匆匆流逝，小鴨早已成為我生命中不可或缺的重要事物，除了我因為成功策展，被《經理人》評選為二〇一三年十大MVP經理人，是有史以來首位獲選的公務人員；熟識我的人都知道，我對散播愛與和平的小鴨情有獨鍾，我的文宣品、LINE大頭貼，無處不見小鴨的身影。

事實上，二〇一三年簽下的合約，可以展出三次，後續也有許多市民敲碗希望小鴨再回歸。可是人生的際遇就是這麼奇妙，隔年我離開新聞局，擔任海洋局長，

黃色小鴨台灣首站 高雄
2013.09.19▸2013.10.20
光華碼頭

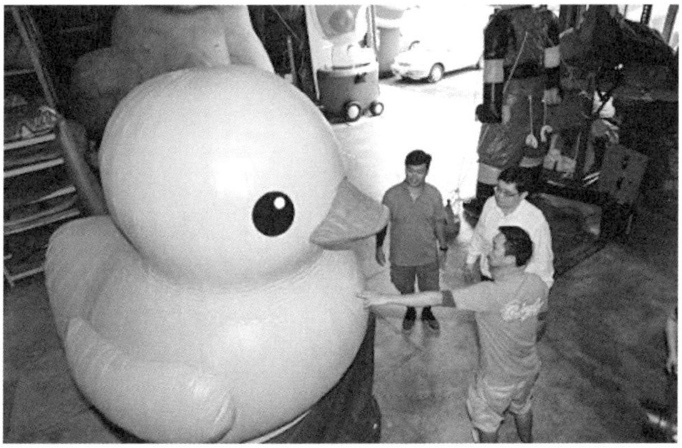

二〇一五年便投入立委選舉，開展新的職涯，沒有機會。但這麼多年來，將小鴨帶回高雄，始終是掛在我心頭的一件大事。

到了二〇二四年，高雄市政府終於再度迎回小鴨，而且這次還成雙成對，加碼帶了兩隻小鴨回來。一月二十七日開幕那天，我的老友霍夫曼沒有缺席，十年未見，我們一碰面，便先送上一句溫暖的：「好久不見！」霍夫曼特別告訴我，十年後帶著小鴨再來高雄，城市的進步和創新在在讓他驚喜。

確實，這次我以立委而非主辦的身分觀展，旁觀者清，看著小鴨在光榮碼頭展出，對於港都的今非昔比，感受更是深切。十年前，小鴨是愛河灣那個ㄇ型大澡盆裡的唯一主角，顯眼的黃和周遭的乳白水泥建物呈現強烈對比，帶給我的是平靜與療癒；十年後，澡盆裡愈形豐富，除了有湊成對、能玩親親的小鴨，我們還有高雄流行音樂中心、有一幢幢新興大樓，以及一艘艘停滿碼頭的豪華遊艇，我恍若進入了一個國際港口城市。

黃色小鴨不只是形塑高雄城市新印象的轉捩點，也是我人生中的重大代表作。我從一開始力排眾議，將小鴨引進高雄，接著集合市府各局處的力量，刮起「小鴨

旋風」，讓全台灣的民眾扶老攜幼，在二〇一三年的秋天，競相前往高雄愛河灣，只為了一睹小鴨的風采。過程中，我們創造了龐大的經濟效益，市府團隊獲得滿滿成就感，更重要的是，為人們留下美好回憶。

現在聽人講起黃色小鴨，不論是長輩、孩童臉上，綻放的都是幸福、愉悅的笑容。能有機會促成這樣一件多贏的大事，我深感榮幸也充滿感謝。

CHAPTER

05

推動海洋首都的藍色經濟

二〇一四年二月，我在高雄市政府新聞局長的位置，已經足足待了三年三個月之久，以新聞局長一職來說，這堪稱「奇蹟」。新聞局長是市長身邊的首要幕僚，肩負對外發言、對內與市長、各局處首長溝通的責任，經常需要出面承擔議員的第一線砲火與政治攻防，折損率相當高，能撐個一年半載已是不易，沒想到我居然做到了將近四年的任期。

那時，花媽來找我，說是為了高雄展覽館的首度啟用，高雄市政府海洋局預計在五月舉辦首屆「台灣國際遊艇展」，需要一個強而有力、有豐富經驗的首長負責，我辦過高雄燈會藝術節、開創演唱會經濟，又找來五月天擔任城市代言人，還將黃色小鴨帶進港都，想不想去海洋局看看不同風景？我想著，去海洋局能和漁業、造船、遊艇等不同產業互動，等於是新領域，符合我喜愛新事物的個性，便一口答應接下海洋局長，並著手投入台灣國際遊艇展的籌劃。

漁業、造船和遊艇產業興盛，高雄穩居「海洋首都」位置

高雄市政府海洋局其實是非常特別的單位，不僅是全台第一個，還是僅有的一個。二〇〇四年，時任高雄市長的謝長廷決定設立海洋局，是因為「海洋」對高雄甚至整個台灣都至關重要。

台灣雖然四面環海，但人們過去受到戒嚴、政府政策影響，不被允許親近海洋，對海不僅陌生、未知，甚至還會戒慎恐懼。可是全世界有七成的面積是海洋，二十一世紀直接被定為「海洋紀元」，海洋具備戰略地位並蘊含重要資源，在政治、經濟、軍事等方方面面，都是各國的權力競技場。

而高雄一直是所謂的「海洋重鎮」，除了面海外，還有「潮汐低」的優勢，形成天然良港空間，這讓高雄港在一九九九年時，成為全世界貨櫃吞吐量第三大的港口。儘管近年來，中國上海洋山、深圳鹽田、山東青島等港口快速興起，高雄港的吞吐量被新興港口追過，仍然年年小幅成長。加上高雄有十六個漁港，漁業相當興

盛，以全台最大的遠洋基地港前鎮漁港來說，目前約占台灣七成的捕獲量。許多島國元首、官員造訪台灣，一定會拜訪高雄，因為他們國家可能有高達一半的經濟體，是由高雄的遠洋漁業支撐。此外，台灣的造船產業、遊艇產業在全球也名列前茅，我們造出的漁船，擁有出色的捕撈能力、速度，台船、中信造船和嘉鴻遊艇集團、嘉信遊艇、東哥遊艇等業者，總部都位於高雄。

海洋局主責傳統漁業、海洋休憩和遊艇、郵輪等產業業務。台北是台灣的政治經濟中心，但是高雄在既有的工業、港口城市印象之外，更是一個海洋城市、海洋首都，具備發展海洋經濟的潛力。

接任海洋局長，籌劃首屆台灣國際遊艇展

我是二月底接任海洋局長，五月初展覽就要登場，時間相當緊迫，幸好有過

辦理五月天演唱會、黃色小鴨的經驗，這回我在活動庶務、行銷等各方面更加駕輕就熟。高雄展覽館在建造之初，便採挑高二十七米的輕量化波浪造型設計，一方面展現海洋意象和磅礡氣勢，同時也讓遊艇等大型展物，都能進入展出。看準高雄展覽館的特色，我們首先說服廠商，一定要拿出最好的遊艇，藉機讓民眾認識遊艇產業，儘管市民未必買得起遊艇，一旦他們認識產業，以後要休閒化、包裝成觀光遊程，就不需要再花時間教育市場。業者聽了後也大方同意，像是嘉鴻遊艇集團，便拿出重約一〇〇公噸、長約三十三公尺、要價三億元的Horizon系列豪華遊艇，榮登「展中之冠」。其實，這艘遊艇早早售出，展後就準備駛往目的地了！

接下來，為了將遊艇從海面上、廠區運到高雄展覽館的展場內，我們又提前向市民預告交管，宣布「陸上行舟」的戲碼即將上演。遊艇進場當晚，專業團隊先將一艘艘遊艇，從高雄十八號碼頭水面吊掛上岸，接著進入「陸上行舟」重頭戲，只見一整排動輒上億元的遊艇，風風光光行駛在路上，民眾站在管制區外，看著遊艇接連經過，個個是目瞪口呆。這些人回家後，趕忙將消息告訴親朋好友，民眾也從新聞上看到壯觀畫面，自然激起大家買票進場的意願。

我們也不斷將一艘艘遊艇「數字化」，告訴民眾機會千載難逢，畢竟哪裡有只花三八〇元買一張票，就能欣賞到六十艘、總價七十億元豪華遊艇的機會呢？尤其民眾進場後，還可以進入遊艇參觀，業者會講述台灣遊艇產業的小故事，像是全球首富、LVMH集團總裁阿爾諾（Bernard Arnault）的首艘豪華遊艇，就是由台灣製造，或是哪艘遊艇已經被某個阿拉伯王儲訂走。

最終，首屆台灣國際遊艇展創下七萬人購票進場、商機上看四十二億元的紀錄。有飯店直接在現場下單遊艇，打算作為推廣套裝遊程用；某些臨時起意購票參觀的台灣人，看了看價格，覺得負擔得起，也豪氣預訂。現在我遇到某些遊艇業者，他們對首屆台灣國際遊艇展仍然印象深刻，直呼那是至今最成功的一次遊艇展。

打造「高雄海味」品牌，將「五寶」賣進超商

高雄有十六個漁港，漁獲相當豐富，為了集中資源、擴大效益，我打造「高雄海味」品牌，專門販售鮪魚、魷魚、秋刀魚、石斑魚和虱目魚等「高雄五寶」，並將漁產形象化成Q版人偶，作為海洋局代言人。同時再邀請城市代言人五月天，每個人各拿一隻「寶」，為高雄魚貨宣傳。鮪魚寶、魷魚寶等高雄五寶的識別意象，因為太過可愛，現在還能在高雄各地看到。

有了高雄海味與高雄五寶，我隨即主動出擊，與全家便利超商洽談合作，希望將高雄海味的鮮食商品賣進全家。高雄的魚貨、加工品品質優良，全家很快應允與我們合作，那是政府單位首次打入超商通路，民眾可以在全家享用到高雄出產的秋刀魚便當、魷魚花枝羹，還能預購鮪魚生魚片、龍膽石斑切片、魷魚一夜干禮盒等各種新鮮的魚貨。

在高雄五寶中，鮪魚、魷魚、石斑魚、虱目魚的銷售都很穩定，只有秋刀魚的

價格由於缺乏行銷推廣，銷量始終不佳。眾所周知，秋刀魚富含大量不飽和脂肪酸EPA、DHA和維生素E、B12，是最營養卻又平價的美食。於是二〇一四年秋天，我又決定在前鎮漁港舉辦一場「秋刀魚季」，搭配遠洋漁業產品特賣會，刺激秋刀魚的買氣。

首創秋刀魚季、火烤二〇一四尾魚，帶動買氣

和海洋局共同主辦秋刀魚季的魷秋公會及魷秋基金會，說要負責這次所有的秋刀魚，當時一尾魚掉到六元的破盤價，即便是貢獻一萬尾，成本不過六萬元，對他們來說是小case。公會問我要多少條魚？考量到那年是二〇一四年，團隊就要了「二〇一四」這個數字。我們知道日本人素來喜愛秋刀魚，所以打算營造日本意象，告訴民眾日本人是如何「火烤秋刀魚」來食用。對此，海洋局開了個十萬的

標，備妥烤台、日本廚師制服等器具，就打算仿照日本人，來場烤秋刀魚大會！

活動當天，穿上廚師服粉墨登場的我，永遠忘不了當二〇一四尾秋刀魚烤下去，現場香氣瀰漫的場景，平常我們到外面用餐，頂多點個一、兩條秋刀魚來吃，在首屆秋刀魚季中，能一口氣看到上千條烤秋刀魚，媒體當然不會放過這難得一見的畫面，紛紛搶拍。我們等於只花了十萬元，就賺到數十倍效益的宣傳版面！

二〇一四尾火烤秋刀魚被分送給參與活動的民眾，不少人吃了後頻說好吃，又直接在現場採買新鮮的魚貨帶回家。直到現在，秋刀魚季仍年年辦理，大家都知道每逢秋天，就是秋刀魚盛產的季節，該買些秋刀魚回家料理了。

升級軟、硬體，帶領漁港邁向現代漁業

除了豐富軟體面的活動，在硬體建設上，我也有所調整。位於梓官區、以「現

撈仔」聞名的蚵仔寮漁港，每天都有漁船進出，時任梓官區漁會總幹事的張漢雄，有心要改造蚵仔寮漁港，主動向海洋局提出魚貨不落地、觀光魚市場等各種計畫。他的想法與我不謀而合，我認為，魚貨愈乾淨處理、讓消費者感受愈好，銷售價格就會愈漂亮，這是現代漁業一定要走的路，因此漁會有心想做，我作為海洋局長一定全力支持。

我們升級蚵仔寮漁港的軟、硬體，新建梓官魚市場大樓、打造「漁夫市集」，為消費者打造舒適的魚貨採買環境。其實，打造基礎建設不難，難的是做完之後，漁民還要能遵守禁菸、魚貨不落地等各項規則，讓所有魚貨在潔淨的展台上販售。但在海洋局的輔導和梓官區漁會的努力下，梓官魚市場成為全國首座通過HACCP認證的魚市場，提供衛生安全的水產品。原先鄰近市區、生意就不錯的蚵仔寮漁港，變得更加適合親子同遊，業績蒸蒸日上。

廣泛舉辦親海活動，讓民眾更認識海洋

看著海洋局辦不完的活動，有人說，海洋局怎麼變得這麼熱鬧、精彩，天天都有辦不完的活動？海洋局是從農業局延伸出的單位，過去首長的專業更多在漁業、海洋事務，但我接任首長後，看準海洋局轄下的每個漁港、漁會各有不同特色，便廣泛舉辦各種親海活動。比方說彌陀的虱目魚丸相當出名，永安是石斑魚的故鄉，我們就讓親子體驗做虱目魚丸、石斑魚料理的樂趣；或是舉辦「行腳漁夫活動」，與遊客一同捕撈、牽罟，所有人有吃又有拿，玩得不亦樂乎，活動中還能注入「食魚教育」的知識與理念，讓台灣人更認識海洋、漁業。

與我共事過的同仁都清楚，我特別重視行銷，在觀光局時，我創立了臉書「高雄旅遊網」，至今仍是許多遊客搜尋港都吃喝玩樂的最佳工具；在新聞局時，我開創臉書「高雄不思議」，正是高雄市政府臉書的前身，現在已擁有超過五十萬名粉絲。來到海洋局後，我只是將過往在新聞局、觀光局累積的經驗，加上海洋局的亮

點放大並擴散出去。但光是這麼做，海洋局的風格就有別以往。對同仁來說，過去他們較專注漁港的工程、建設，但我們舉辦各種親民活動，無形中拉近海洋與他們的距離，同仁突然發現，這都是生活的一部分，他們還能從中獲得滿滿成就感。

更讓人自豪的是，我大破大立的性格，在擔任政務官、立委任內，從來沒有任何案件被檢舉、調查，也沒有同仁因為跟著我共事，陷入麻煩。這讓我深深體認到，當你積極、努力投入所有事時，只要紀律嚴明、謹守分寸，仍然可以帶領團隊圓滿完成任務、創造多贏。

鼓勵人才流動，拓展同仁視野

放眼海洋局，過去多是具漁業、農業、工程背景的同仁，但我增加一般行政的職缺，邀請有行銷、企畫、美術等專才的人才加入，當「漁業腦」遇上「行銷腦」，彼此激盪出的跨領域火花可就精彩了！高雄海味、秋刀魚季等精彩點子與活動，都是團隊的成果。

另外，我又將人才「往外推」。海洋局的業務與漁業、港口密切相關，茄萣、永安、彌陀、梓官、前鎮、旗津、小港、林園區都位居沿海，漁業又是區內的重要產業，過往這些區域的區長是由民政系統指派，但我率先起了頭，爭取讓海洋局的科長擔任區長一職。像是有位海洋局科長，先是被派去彌陀區擔任區長，因為與地方互動良好、表現優異，後來又去當了旗津區區長，類似案例比比皆是。我始終認為，人才必須流動，一方面讓更多不同背景的同僚加入海洋局，活化組織；另一方面又派同仁出去擴展視野，一旦人才廣泛歷練後，待有機會回到體系，就能承擔更多重任。

全台唯一海洋立委，致力讓海洋融入人們生活

二〇一六年，我成為全台首個「海洋立委」，也是至今唯一一位。過往的經歷讓我很清楚要如何開拓海洋產業、擴大海洋經濟，加上我的選區範圍含括前鎮、小港和旗津區，裡頭有前鎮漁港，有嘉鴻遊艇集團、嘉信遊艇，以及台灣國際造船、中信造船，與海洋息息相關的重要企業，都在我的生活圈裡。因此我當選立委後，本著「海洋立國」的精神快速推動《海洋基本法》；前陣子又通過設置《海洋產業發展條例》，鼓勵創新海洋產業、異業間的合作；我也力促成立海洋委員會，讓高雄朝海洋首都前進，下設國家海洋研究院、海洋保育署、海巡署，並將會本部設在高雄。

另外，基礎建設是發展產業之本，我認為高雄應該運用現有優勢，帶動海洋觀光休憩產業，包括高雄港旅運大樓的完工、遊艇碼頭的建置，都是關鍵。二〇一六年當選立委後，我便緊盯歷時十年、斥資四十五億元旅運中心的建造，二〇二三年

底，旅運中心終於落成啟用。旅運中心的重要性在於，作為全台最大的郵輪母港，有時候一艘郵輪駛進，可能就是一、兩千名旅客的規模，下船後，這些來自世界各地的遊客可以去高雄旗山、台南和屏東市區等地走走看看，帶動地方觀光的蓬勃。同時，我也持續爭取遊艇碼頭的興建，讓許多旅客造訪港都時，有機會租賃遊艇，出海遊高雄港、去西子灣看夕陽，或是僅僅待在海上釣魚都行，這已經成了目前來到高雄時最時髦的玩法。有些人會用走路、騎腳踏車、搭乘火車等各種方式環島，我的理想則是搭乘遊艇「環台一周」，讓高雄的遊艇在全台四處停靠。

事實上，如同台灣人喜好登山健行，把山林當成生活的一部分，海洋本來就是台灣國土的一部分，也應該融入人們生活。擔任前鎮、小港和旗津區立委多年，我經常在旗津看到許多人一大早起床，換了衣服就去「海泳」，結束後沖洗完畢，接著就去工作，以「海泳」展開新的一天，海洋確實已成為他們的日常。未來，也希望海洋成為全高雄、台灣人的日常。

CHAPTER

06

進入國會：從高雄到中央

我的職涯第二次出現重大選擇，是在二〇一五年三月六日。
當時的情形是，二〇一六年的高雄市第九選區民進黨立委初選，花媽為了緩解派系之爭，希望協調出陳致中和陳信瑜兩位議員以外的第三人選出面參選，結果花媽問了不少人，每個人都因故而未應允，最終找上了我。

跳脫政務官身分參選，解鎖人生清單

對於參選，我其實沒有考慮太久。一方面覺得自己在高雄待了九年，當過觀光局主秘、新聞局長、海洋局長，參與過世運、燈會、黃色小鴨活動，並讓五月天成為高雄城市代言人，所有專業的、精彩的、熱鬧的全都試過了，我骨子裡「求新」的慾望又在蠢蠢欲動，而且我認為長時間占著位置也不好，應該讓更多新人有發揮的空間和機會。同時，在政治圈那麼多年，一直有人認為，我都扮演抬轎、幫人輔選的角色，時機對了應該出來參選，我自己也認同，要是能直接接受民意考驗，不論輸贏，都會是值得的人生紀錄。

每回要做重大決定時，怡元總是扮演最大後盾。她雖然知道選舉會很累，對家庭的影響很大，但她更清楚，「參選」一直在我的人生清單上，要是機會出現，我卻沒有嘗試，肯定會抱憾終生，所以怡元聽完我的考量，直接支持我說：「選不選得上是一回事，可是起碼不要讓自己留有遺憾。」就要我放手去做。

值得一提的是，花媽要我去登記參選時，有特別提醒，很可能今天登記，明天黨內取得共識、協調出一位人選後，就會請我退出，要我慎重考慮。在市府工作那麼久，我很清楚「團隊」的重要，當下就告訴花媽，這些都是人生的一部分，我完全理解支持，重點是至少我努力過。

根據黨內初選登記規定，戶籍必須設在選區內，可是那時我的戶籍登記在市府宿舍所在的前金區，我便找上時任小港區漁會理事長的洪志昌，請託他讓我將戶籍登記到他名下。他不僅二話不說一口答應，還先幫我到戶政事務所先抽號碼牌。記得當時時間真的太過緊迫，到號時我還沒抵達現場，洪理事長只好再抽一輪，真是

「望穿秋水」才等到我。洪理事長與我一直是很好的朋友，我當選立委後，他還高興地說：「我們家出了一個立委耶！」後來他因病過世，但我永遠感謝這位生命中的貴人。

遷完戶籍，我又像闖關一樣，再往「登記繳錢」的關卡邁進。那時要繳交七十萬元保證金，我拜託邱俊憲議員先去幫忙籌錢，因為大家平常不會準備那麼多現金在身上，他四處「調頭寸」才調到足數，沒想到我倆在黨部會合、清點數目時，發現居然少了幾張鈔票，當下就有人念他：「你堂堂一個議員，怎麼不知道自己去提款機領幾千元呢？」現在每每想到兄弟為了幫我，還得這樣被虧，真是不好意思！

登記截止時間是下午五點，好不容易，我終於在四點五十五分登記完畢，成為民進黨高雄市第九選區的第三位候選人。也就是說再晚個五分鐘，我就得和黨內初選錯身而過了。

十二天宣傳、拜票，黨內初選中勝出

三月十三日，致中出於大局考量，在花媽陪同下召開記者會，宣布退選並表明支持我，三位候選人剩下兩位，變成我與陳信瑜議員間的民調對決。而且我又抽到最早做民調的一批選區，等於只有十二天時間可以拜票。當時外界普遍認為，我是政務官出身，在民間缺乏知名度，想在短時間內提升的難度很高，何況是贏下黨內初選？

但我沒想這麼多，我要做的唯一一件事，就是全力以赴，認認真真把選戰打完。由於決定非常臨時，我們倉促組成團隊，已經有競選經驗的黨內兄弟姊妹，特地前來義氣相挺。在文宣上，我設定了勞工子弟、台大碩士、黃色小鴨和花媽團隊等幾個關鍵字，以「新世代、新國會」的形象作為競選主軸。我的出發點是，儘管我是勞工家庭出生，卻一路努力念到台大、進入政治圈，獲得為人民服務的機會；二〇一〇年，高雄縣市合併為高雄市後，花媽擔任首長的表現都備受肯定，經常獲選為《天下雜誌》的標竿首長、《遠見雜誌》的五星市長，而我作為花媽的子弟兵，也在其中有所貢獻；另外是黃色小鴨舉辦時，不僅造成全國轟動，還一舉讓高雄躍上國際舞台。

確認主軸後，團隊四處租借看板，安排車隊掃街，到市場、夜市拜票，盡量往人多的地方去，力圖在選民前露臉。我還記得，當時借來一塊看板，隔天就要做民調，等於只能宣傳一天，我仍堅持要掛，只為了爭取讓更多人在最短的時間內認識我。

三月二十日民調當天，團隊前去監聽，認為反應還不錯、情勢非常接近，等到正式結果出來，還真的險勝實力堅強的陳信瑜議員，完成了「不可能的任務」，正式成為二〇一六年民進黨高雄第九選區的立委候選人，要和尋求連任的國民黨立委林國正一較高下。許多台北人對此「跌破眼鏡」，因為從來沒有人預期到，我可以在如此倉促的時間內，快速提升知名度與支持度。而且民調公布前，我還鄭重在臉書發了一篇文，謝謝團隊這十二天以來的協助與支持，以及選民不吝給予的鼓勵。我說，不論成功或失敗，我們都打了漂亮的一仗。這篇文後來還被親朋好友不時拿出來揶揄，說先滅了自己威風，但對我來說，許多人借看板、陪掃街，每個人都毫無保留，我是真心感謝這段時間獲得的所有幫助。

徒步掃街選區八十九個里，瘦了二十公斤

初選獲勝後，因為是初次參選，我們只開心一下，隨即又緊鑼密鼓進入籌備大選階段。

這回有足夠時間，我先組成完整團隊，接著堅持一定要親自提出政見。依照慣例，立委選舉未必需要提政見，但我認為，提出想法、願景，是對選民負責的行為，因此競選時，我都有滿滿的政見。也多虧擔任高雄市政府新聞局長的歷練，過去每天一早八點，我就必須和市長、市府一級主管開會，聽取市政重要訊息，小至汛期、雨季將近的排水溝清理問題，大至捷運紅線、黃線和興建國道等基礎建設議題，我都能全盤掌握，且貼近鄉親心聲。所以我知道小港、前鎮等臨海工業區對台灣的意義，以小港區來說，中鋼、台船、中油、台電都在這裡，每年創造上兆經濟產值，是全台的經濟命脈所在，而改善空污、強化交通建設，都是當地最迫切需要的政策，也是我「十大政見」的內容之一。

同時，因為我是新人，民眾對我沒那麼熟悉，我又是辭職參選、時間充分，

我選擇採取最根本的方式——如同苦行僧般徒步掃街。當時前鎮、小港選區內共有八十九個里，我每天會花兩到三小時拜訪一個里，由里長、頭人陪同按電鈴，民眾出來後，我便和他們寒暄、握手，發放文宣品。我和團隊循著第九選區的八十九個里，一個個逐步往下掃，掃到選舉前，正好通通走過一遍。

掃街以外的時間，白天我站路口、拜訪市場，也參加紅白帖、平安宴，逐桌敬酒，身上「大粒汗、小粒汗」直流。但前輩李昆澤委員告訴我，高雄人很願意給新人機會，我年輕、有創意，過去又有引入五月天、黃色小鴨的實績，只要拿出態度，人民一定會感受到我樂意服務、做好民意代表的決心。

當時每天全力投入拜票，我還有個額外收穫。我當政務官時，腦用得比較多，「心寬體胖」了些，但競選期間適逢高雄盛夏，再搭配日日徒步掃街，一場選舉下來，我整整瘦了快二十公斤。雖然每天走上兩、三小時的路，不瘦也難，但我其實是刻意為之，畢竟要成為民意代表，顧好自己的健康是基本，維護形象也很重要，你的能力很好沒錯，可要是再俐落一點，看起來勢必會更專業、更值得信賴，選民會因此更願意把票投給你。

與我同區競選的國民黨立委林國正，向來認真耕耘地方、在黨內也有話直說，是個可敬對手。我拜訪選區時，有些選民會說：「我欠林國正人情，這次我要支持他。但我相信你選上後，我也會有許多需要你幫忙的地方、會接受你的幫助，我將來一定會支持你。」對於選民的坦誠，我都告訴他們沒有關係、我完全理解，政治是長遠的，只要有機會讓鄉親過得更好，都是人民之福。

認真努力必獲回報，首度參選拿下六十・五七%高票

當然，拜票難免遇到挑戰。掃到傳統藍色票倉時，某些民眾看到我，立刻臉色一沉，有人還說：「這裡你怎麼敢來？」問題是，怕熱就不要進廚房，加上人心畢竟是肉做的，你愈不走進去，就愈沒有機會。經過一次、兩次、三次的不懈拜票，慢慢的，有些人開始會給出正面回應：「你很有勇氣喔！願意進來這裡拜票。」最

後開票，我們發現許多地方其實都表現不錯。

在團隊和我百分百、毫無保留地衝刺、付出後，首次參選結果出爐：我拿下了六十．五七％、十萬零八百六十二的高票，首次進軍立法院。

在首屆立委任期中，我不分黨派提供服務，積極爭取經費、建設高雄。由於過往政務官的經歷，我知道人民、公務員、地方首長和中央的想法，能清楚抓到解決問題的關鍵，就算再艱難，都能找出突破之道。而當政策被落實、看到實績，愈來愈多的里長、鄉親有感。對於這些被我服務過的選民，我總說，最佳的鼓勵方式，就是下次選舉時幫我拉票、把神聖的一票投給我，這樣我才能一直為大家服務。

立委第二任期，開出全國第三、高雄最高票

二〇二〇年的立委選舉，我尋求連任，對上實力堅強的國民黨議員陳麗娜。由

於高雄市人口減少，立委從九席減為八席，原先我所在的第九選區變成第八選區，除了原先的小港、前鎮區之外，再併入旗津區，總計共有一一〇個里。趁著這次競選機會，我又徒步掃了一次選區裡的所有里。

值得一提的是，每回選舉到了最後關頭，我還有個「祕密武器」，會為我輔選、拉抬聲勢，那個人就是怡元。我自己選擇了政治工作，那就是我的責任，平常我不會輕易打擾太太的生活，但遭遇選舉的特殊時期，怡元通常會希望出面助我一臂之力，結果變成每每只要她出來拜票，反應都非常好。怡元親和力十足又真誠，曾有帶她掃過街的里長，只要在選舉中沒見到她的身影，都會虧我：「你的『超級戰將』呢？太太這次怎麼沒出來？」

二〇二四年的立委選舉，我已經先行掃過三和市場，幾天後怡元又幫我再去加強拜票。當地里長遇到我時就說，太太去的那天造成轟動，而且她的體力驚人，掃街一次大約都兩小時左右，有一次她和里長去旗津拜票，因為彼此狀態都好，他們從下午五點一路拜票到晚上九點，沒人喊累，過程中她遇到高低起伏的街道，仍然是面不改色照走，絲毫不願錯過和任何一位選民寒暄的機會。

秉持著無異於四年前「全力以赴」的精神，開票當天，開出了全國第三高、高雄最高的十三萬五千零五十二票。許多選民主動透露，他覺得我是實實在在、做事認真的立委。看著這些義無反顧相挺的里長、選民，我無比感動，也印證了自己一直以來的信仰：政治沒有絕對，只要我百分百付出，人民通通看在眼底。

接下連任的擔子，我繼續耕耘選區，蓄積且擴充能量。二〇二一年十二月十八日的「重啟核四」、「反萊豬進口」、「公投綁大選」、「珍愛藻礁」等四項公投案，藍綠兩黨紛紛以縣市首長選舉規格，展開提案攻防，我也在選區內大力宣傳，分別在前鎮、小港區舉辦晚會。前鎮那場來了超過三〇〇〇人，小港更有逾四〇〇〇人，中央來宣講催票時都感到不可思議，訝異我怎麼能在選區內動員那麼多民眾？確實，有些人問我何必對公投案那麼積極，這可能會讓自己受傷，畢竟支持我的選民，未必認同應該投下「四個不同意」。但我認為，這些提案對台灣的未來，不論是加入國際組織、日後與美國的關係，都至關重要，因此我不斷鼓舞鄉親要如同總統、立委大選般，出來力挺我們。

結果票開出來，前鎮、小港、旗津區內的不同意票遠遠多出同意票，大勝了四萬三千張票，是全國最多。針對四大公投，蔡英文前總統選出十位黨內同志，表彰對四大公投的貢獻，我就是其中一位。藉由那次，我明白了要是自己努力、用心服務，成果不會只累積在我這裡，我還能反向回饋給政黨，將民進黨、高雄和台灣的表現凝聚在一起。

過去接受他人幫助，如今反向回饋黨內同志

再到二〇二四年的立委選舉，我晉升「老鳥」，黨內分析種種客觀數據後，認為我累積足夠的實力與名聲，已經成為能替同志助選的候選人，我也二話不說，前去為各個同志站台。中央安排高雄輔選行程時，亦將時間挪移給更需要幫助的同志，這就是我們「團結」力量的展現。

之後的事情，大家都很清楚。在二〇二四年的總統立委大選中，賴清德、蕭美

琴當選正、副總統，高雄民進黨立委候選人也全員過關，八席全上。至於我，則以十二萬一千零六十四票、五十七．七五%的得票率成功連任，並再次拿下高雄立委的最高票。

九年的時間轉眼即逝，我擔任立委已經進入第三個任期。回望自己當政務官、立委的經歷，不禁覺得人生真奇妙。我在每一個工作崗位，都專注當下，只想著把該做的事做好，從未想過這對日後的自己，會有什麼助益。殊不知正是這樣的全情投入，讓我在不知不覺中獲得成長茁壯的養分，接著才能在勇闖國會、走上競選立委之路，以及應對人生的新階段、新任務時，恣意揮灑。

3

3
3

高雄更好
立委 賴瑞隆 拜託
服務
團隊

瑞隆

CHAPTER

07

來自公督盟立委
評鑑的連續十七張
獎狀

曾任立委的賴清德總統，從擔任行政院長、副總統到成為總統大選候選人，都曾來為我助選。每回他到高雄，總會向鄉親強調：「如果用美國職棒大聯盟來比喻，瑞隆就是以新人之姿上場打擊時，不僅在第一個打席就轟出全壘打，而且之後的每一次打擊，他仍然棒棒揮出全壘打，這是在寫紀錄的！」

賴總統指的，是我從二〇一六年首度當選第九屆立法委員起，便獲得公民監督國會聯盟評選的「優秀立委」；而截至第十一屆第一會期止，我共經歷了十七次的公督盟評鑑，對於這十七次優秀立委的榮耀，我沒有錯過任何一次。

現在想想，能創下這些紀錄，自己都有些不敢置信，等於我不僅在院會出席率、委員會出席率、質詢率和法案預算審查等，都獲得百分百的滿分，在各種質詢也斬獲高度評價，而且還連續維持了逾八年、十七個會期。

高雄、台北一日往返，從未錯過任何早班車

立院朋友都清楚，我自選上立委以來，便過著北高一日往返的生活，每天一大早，我搭乘六點多的高鐵從高雄出發前往台北，下午結束立院的會議與其他行程後，再搭車返回高雄。多年來，每天清晨，我只要訂好哪一班車，便從未錯過，這是我立委生涯至今的自律習慣。

也有許多人會在高鐵台北站遇到我，只要見我行色匆匆，就知道我要去趕車，奔回高雄。我多年來如一日地實踐北高生活圈，除了性格自律，其實，回到高雄、回到家，還能給我極大的歸屬感。

多數時候返家時，三個孩子都還醒著，我會抓緊時間與他們聊天；有時回家晚了，孩子已就寢，我也會到床邊「嗅聞」他們，藉此獲得「能量」。聽來雖然有些不可思議，但當立委每天要面對政府、企業、民眾的多重聲音，事事求好心切，日常工作壓力著實不小，需要適當排除，才能繼續向前邁進。就像有人會靠著「吸

貓」療癒自我，與太太、孩子在一起，就是我充電的方式，也是我堅持每日返家的原因。

待人真誠、適度授權，給予團隊發揮空間

能多次榮獲優秀立委的另一關鍵，在於我擁有一個堅實團隊，作為問政、服務的後盾。

事實上，在團隊的形塑、成員的選擇上，先前的經歷影響我甚深。像是跟著花媽，我便學到「真誠」與「授權」。

打從花媽擔任勞委會主委時，我就感受到她對下屬的溫暖與付出。有一次，花媽的秘書要我進辦公室，原先以為是什麼急事，內心還頗為忐忑，沒想到進去後，花媽親自拿了一盒知名品牌的綠豆椪給我，說這點心好吃，要我嚐嚐。當時我既訝

異又感動，沒想到花媽心存著「好東西要與人分享」的善意，將我放在心上。後來成為高雄市政府政務官，我又觀察到，她擅長將性格各異的人才聚集在一起，並在設定好願景、妥善分工後，給予最大發揮空間；若是各局處首長有任何需求，只要喊聲，花媽就在身後提供支持。正是因為如此，團隊能順利舉辦世運會、黃色小鴨等大型活動。

這幾年，自己當了立委，我也以花媽為榜樣，實踐她的領導統御與待人處事方法。未當選立委前，我就邀請國會助理時期便認識的夥伴田飛生，出任我的辦公室主任，飛生很快便答應請求。由於我要兼顧國會與地方的工作，必須南北兩邊跑，因此國會辦公室的工作，我全權交由老經驗的飛生負責。我深信，當我願意放權且真誠、溫暖地對待同仁，團隊回應的，就是多元的創意與高度的工作效率。而飛生的確替我招兵買馬，還與團隊扛下提案、質詢和舉辦記者會等繁複工作，作為我問政時最堅強的後援。

尊重鄉親、熱忱耐心，選才不二標準

另外，我自己當過國會助理也知道，立委助理當久了，有推動國家法案、爭取重大建設的機會，身旁難免有人巴結、簇擁，某些時候會不由自主「飄飄然」起來。但對民眾來說，許多人都是焦頭爛額、帶著自己這輩子最大的難題而來，常見不安、焦慮、慌張的情緒，因此我招募高雄服務處的團隊時，同樣會以正直善良、熱忱耐心的特質，作為衡量原則，期望代表我的助理，都能尊重鄉親，並擁有服務的熱忱與耐性。

同時，我的高雄服務處裡，貼了大大的「嚴禁收禮」字樣，我嚴格要求團隊，就算再怎麼微薄、僅是聊表心意的小禮物，服務處都不能收。

我也一直有意識地提醒團隊，我除了是中華民國的立法委員，也是高雄鄉親選出來的代表，全國的大事，有不分區立委會幫忙說話，但選區裡的許多事，如果我不開口，沒有人會替他們說話，因此我們有義務與責任，幫前鎮、小港、旗津甚至整個高雄發聲。對此，我設定了「讓民眾永遠找得到我」的機制。每週四晚上，我會在服務處裡親自服務；結束後，再和團隊開會，掌握案件進度、檢討改進事項。我也開放臉書、LINE等各個線上的陳情渠道，自己還是批踢踢實業坊（PTT）資深鄉民，經常在「高雄板」出沒，就有鄉民說，賴瑞隆是高雄板的常客，有問題可以透過PTT反映。

深入服務後，口碑很快傳播千里，有愈來愈多鄉親跨區而來。問他們怎麼會找到我？他們都說，是親朋好友大力推薦。我聽了都相當感動，只能繼續盡心服務，以回報鄉親的支持。

能力日漸豐盈，設立獎學金與助學計畫

近年來，隨著自己持續獲得優秀立委的殊榮、能量日漸豐盈，我開始把善的力

量向外擴散。

自二〇一六年首次當選立委起，便陸續捐款，成立國中、小學優秀學生的獎助學金。但當時因為政治生涯剛起步、知名度不足，政治獻金花費較多，捐款金額有限，能做的事情有限；直到二〇二四年第三度參選時，產生更多結餘，選舉一結束，我便宣布捐出每票三十元、共三六〇萬元的選舉補助款，作為選區學生的獎學金。

堅持這麼做的原因，一方面是看到賴清德總統、李昆澤立委，多年來持續捐出選舉補助款助學扶弱，我尊敬並決意仿效，另一方面，則源於我出生自勞工家庭。我的父母都在國小畢業後，就外出擔任學徒、賺錢養家，負擔弟妹的學費。他們這輩子沒有機會念書，因此最大的希望，就是提供下一代更多選擇，讓三個孩子能遵循自身興趣，追求人生目標。

我永遠無法忘記，國中時，擔任裝潢木工師傅的爸爸受傷、無法負重，但仍然必須賺錢工作，我因此幫忙他扛著大批木材，一步步從一樓爬上四樓的沉重感；升上高中後，媽媽到市場擺攤賣水果，爸爸凌晨三點去早市補貨，偶爾身體不適，我也會跟著去搬貨，待五點結束後回家稍事整理，再去上學。這幾段經歷，彷彿一面鏡子，多年來時刻提醒我勞工家庭的需求。每回到市場掃街，只要一進入市場看見攤商，就會湧上一股熟悉感，尤其看到陪著父母擺攤的小朋友，安靜坐在攤位上看書，我都會特別走過去對他們說一聲：「你很棒喔！」

到了大學，讀的是私立學校，我希望減輕父母負擔，主動辦了助學貸款，也到處尋找工讀機會。像是從大一暑假開始，國中同學便介紹我到成衣廠打工，負責高中職校制服的包裝、搬運。因為我是運動選手，一口氣能扛數十公斤重的衣服，老闆都特別喜歡我。至今我仍然記得，在那些年溽熱的夏天，同學可能出國、學才藝，我則為了攢到開學時的生活費，光顧著打工去了。當時我去了三個暑假，因為體格佳又有責任心，成衣廠希望我畢業後直接轉為正職，但我謝絕了對方的邀請，並走上國會助理之路，後來僅僅花了一年時間，便還清助學貸款。

照顧弱勢，鼓勵孩子勇於做夢

這些過往，讓我相當理解中低層階級力爭上游的心情，也明白如果不是透過教育，一路念書、進修，我不會有機會成為國會助理、政務官，並當選立委。而一路走來，我不斷提醒自己，當我有能力時，一定要照顧弱勢，要讓更多孩子都有實現夢想的機會。秉持著這樣的初心，我當選立委後，著手設立獎學金。

有校長看到我發放獎學金，又告訴我每逢暑假期間，總有孩子因為父母和長輩忙於工作，讓孩子經常留連網咖、在外閒晃。是不是能拜託我尋覓資源，請代課教師為孩子規劃輔導課程，讓學生在暑假有地方可處，代課老師有薪水能領，會是一樁美事。

我聽了立刻答允，規劃助學計畫。如今，孩子們在暑假時，會來學校加強基本學業能力，也學習美術、手作等才藝課程；學校會提供中餐、點心，讓孩子不致煩惱溫飽問題。

而我身為多屆優秀立委，為了讓孩子也體驗「被肯定」的感覺，除了發放獎狀，還特別在高雄市立社教館安排頒獎典禮，親自且隆重地將獎金頒發給每一位獲獎學生。堅持慎重以待，是來自小學時，在運動會上成為運動員宣誓代表的經歷。

小時候，念書從來不是我生活中的首要排序，國小在班上頂多排名第四、五名，但因為我是田徑校隊，還能有這樣的成績，實屬難得，畢竟一般都認為運動員就是「頭腦簡單、四肢發達」的傢伙。正是因為這個原因，我被選為運動員宣誓代表，我還記得，那是我人生中首次站上大舞台，必須對著莒光國小幾百位學生說話，這對我一個出生勞工家庭的子弟來說，絕對是巨大肯定，自信便藉此產生。同理可證，發給孩子的獎學金金額不大，僅是小小心意，但我希望孩子和我一樣，能在登台後萌生夢想，敢於為自己的未來，擘劃無邊無際的想像。

欣慰的是，這些事的花費不多，改變卻點滴可見。許多校長含著淚告訴我，哪個學生興高采烈，帶著父母、阿公阿嬤來見證自己的領獎時刻；哪個學生又因為參加助學計畫，引發對程式、美術等領域的學習興趣。

對我來說，當選立委，甚至連續十七次獲選為優秀立委，我就有責任匯聚各界的善意，並運用自己的能力，傳遞至社會的每個角落。

CHAPTER

08

擔任國會召委、
中評會主委，
調和鼎鼐

有人曾問我，擔任民意代表最需要具備什麼能力？每個委員的答案可能都有所不同。而我會說：「『溝通協調』的能力與技巧。」

具備溝通協調特長，常擔任班長、班代

說來有趣，從小到大，我似乎天生就比別人更擅長溝通些。每回在團體裡，人們的聲音紛雜，大家卻總是特別容易接納我的意見，曾有同學對我說：「我覺得你很會說服人。」國中時，我念的是江翠國中A1升學班，接受的仍是傳統教育，班長都由老師指名，國三某天，老師突然「大放送」，要我們自行選出幹部，結果我就成了班上的首任「民選班長」。也因為這些經歷，讓我發現「溝通協調」是自己重要的人格特質之一。

後來出任高雄市新聞局長、選上立法委員，善於協調的特長不僅益發凸顯，

還被打磨得更加光亮。比方說，在立院裡頭，立委想提出法案，除了自己之外，還需要十五位委員連署，才有辦法成案，如果無法和其他委員溝通，讓對方覺得有道理，任何人都有機會阻攔；而為選民爭取建設，同樣需要說服總統、行政院長等中央部會首長，才能獲得支持；又或是細瑣到與選民溝通，鄉親們可能來自士農工商等不同背景，我必須用易懂的語言與他們對話，要是對方提出的問題不夠清楚，我必須理順脈絡，再運用溝通和專業能力，協助解決問題。

擔任內政、經濟委員會召委，換位思考立委、官員立場

對我來說，擅長溝通協調的背後，反映的是「同理心」。年輕時懷抱理想，總堅信「非黑即白」，但當閱歷日益豐富，例如我從國會助理轉任勞委會副主委室專員、新聞局局長室簡任秘書等中央部會的工作時，就能慢慢了解每個人出於背景、

經歷不同，都有各自的立場。有的官員備詢時，看似避重就輕，可能是害怕觸法，必須保護自己；在野黨立委提案時，或許和民進黨的版本差異甚大，那是因為朝野有各自的立場。一旦我從同理心出發，試著理解每一個人，就能盡量找出平衡點，以及說服所有人的方法，讓事情順利往下推進。

二〇一六年，我當選立委後，抱持著要讓高雄和台灣的經濟更好、走向世界的理想，首選是進入經濟委員會。但在立院的八個委員會中，經濟委員會向來最熱門，通常是連任數屆的資深立委，才有機會加入。起初，我作為菜鳥立委，擠不進經濟委員會的窄門，便先在內政委員會貢獻所長，也擔任召委，負責排案、審查和主持會議，協助主導國家與黨內提案。二〇一八年，原先在經濟委員會的前立委黃偉哲，準備參選台南市市長，民進黨立法院黨團總召柯建銘見我一心想進到經濟委員會，便出面替我溝通，協調黃偉哲改加入外交及國防委員會，我則「夢想成真」，順利加入經濟委員會。至今我仍感謝黃市長的禮讓與柯總召的居中協調。

由於先前有過召委經驗，到了經濟委員會後，我又順理成章接任召委。所謂「時間就是金錢」，經濟委員會議事向來講求「效率」，委員們通常會將一場會議控制在兩小時內，而這風格和我簡直是「一拍即合」，我主持會議的最高原則，正是力求有效率的情形下，充分溝通。

我一直認為，立法院是議事地點，開會的目的是解決問題。我堅信專業審查，立委可以質詢官員、官員必須備詢，真理會愈辯愈明；但我也堅持按照程序走，有意見便提出來討論，絕不輕易讓程序進入冗長發言、霸占主席台，導致議事完全無法進入下一階段的窘境。畢竟人民要對國會有信心、國家和政府要持續前進，國會正常運作相當重要。一旦不同黨派的立委、官員發生爭吵，會議可能就此流會，一天的時間就浪費了。所以要是情況不太妙時，我通常是出面打圓場的那位，比方說在野黨堅持刪某部會的預算，執政黨堅決不同意，眼看衝突一觸即發，我就會跳出來協助調解。人與人是需要互動、交流的，如果願意多一點溝通、展現尊重態度，雙方一定可以各退一步、找到平衡點。

潤滑劑角色，部會首長、他黨委員都相挺

這也是過去幾年來，中央部會首長有時會拜託我待在院會現場的原因。不論是擔任召委、主持會議，或是僅在台下出席，只要我在場，他們都笑稱：「好安心！」因為我會在委員、首長間扮演潤滑劑，帶動議事流程往下推動。

其他黨派的立委也同樣相挺。他們認為，我開會時會尊重不同黨派的意見，還會以中立客觀的角度處事。有些國民黨的資深委員就說，現在立院缺乏「協調型」立委，相對來說，我是擅長溝通的年輕一代委員。有時開會遇到僵持不下的場面，只要我出面溝通，幾位曾在經濟委員會共事的資深立委，都願意尊重我、賣我面子，先稍稍消停、冷靜一下。

二〇二三年六月一日，《台美21世紀貿易倡議》首批協議簽約，是近四十四年來，台灣與美國簽署結構最完整的貿易協定。立院安排了經濟、內政、外交及國防、財政、司法及法制、社會福利及衛生環境等六個委員會的臨時聯席審查。

一個委員會有十來位委員，六個委員會就等於是八十幾位委員要聚在一起開會。由於此案由經濟委員會主審，柯總召希望我主持會議，我也「不負眾望」，既尊重不同黨派的意見、讓立委盡量發言，又能注重效率。結果會議僅一小時便通過主案，順利進入院會。

新世代立委當選中評會主委，督軍正副議長選舉

二〇二二年七月，我首次當選民進黨中央評議委員會主委，又再度讓我展現調和鼎鼐的功力，並有機會讓這項能力更上一層樓。

如果以企業來比喻，黨主席就如同董事長般，是企業裡的代表人物，中評會主委則像是常務監事、監察人角色，負責維護黨紀、監督相關事務，若是黨員有違紀參選、助選或影響黨內形象等違反黨紀的事宜，都會在中評會做出處置，因此中評

會主委一直是黨內的重要職務之一。歷年來，內政部長劉世芳、高雄市議會議長康裕成和前雲林縣長蘇治芬等前輩，都曾擔任過中評會主委。

民進黨黨章規定，兩年一次的全國黨員代表大會，會選出三十位中執委，而這三十位中執委，會互選出十人擔任中常委。另一個重要的權力機構中評會，則由全國黨員代表大會選出十一位中評委員，而這十一位中評委會再選出一位主委。黨內的每一次改選，都攸關權力結構的重組，並牽動著後續的政黨布局。

針對中常委、中執委和中評委，黨內通常採派系共治，在二〇二二年全代會中，根據評估，陳菊團隊有拿下兩到三席中執委的實力，我本來打算參選中執委，但其他同志也有意投入中執委，我作為陳菊系統團隊，在一番協調後，尊重團隊規劃，改選中評會委員。問題是，若只選中評委，能發揮的地方不多，不如中執委來得有影響力，因此我設下的目標，是不僅要選中評委，還要在十一席中評委中，起碼獲得過半的六票支持，也就是成為中評會主委。

訂好目標，和參選立委時一樣，我便拿出拚勁，開始全力拉票，最終順利當選。

基本上，依照傳統，過往中評會主委都由享有一定聲望的前輩擔任。我是政務官出身，僅有兩屆立委資歷，和眾前輩的歷練仍有距離。但是從這裡也看得出來，只要具備操守、能力，民進黨其實不吝給予中壯世代機會。

二〇二二年十一月二十六日，民進黨在緊接而來的縣市長選舉中，不僅丟掉桃園市、新竹市、基隆市等幾個原先的執政縣市，連議員席次也不盡理想。為了表示負責，前總統蔡英文當晚便辭去主席職位，由高雄市陳其邁市長暫代。

那時黨內的氣氛非常差，我們除了要處理敗選議題、找回人民的信任，另外一個重要任務，還有固守「議長選舉」。儘管相較於其他縣市，民進黨在高雄、台南仍然守下多數議員席次，卻始終有「守不住議長寶座」的傳言。

既然我當上中評委主委，就有責任守住黨魂、固守政黨形象，必須提醒各方黨員，一定要在正副議長選舉中，投給黨內規劃的人選。我很清楚，要是民進黨不能透過正副議長選舉拉回人心，人民對黨的信心一定會持續下探；加上二〇二四年的正副總統、立法委員大選馬上要再到來，若是正副議長這一關沒守住，之後的選舉民進黨只會更慘。

評估情勢以後，我認為高雄情勢相對穩定，便請管碧玲管媽鎮守高雄市議會民進黨團；台南由於牽涉學甲八八槍槍擊案，黑金賄選傳得繪聲繪影，狀況詭譎不明，一直傳出跑票雜音，我就和台南市中評委林宜瑾親自在府城督軍，務必確保「票票入軌」。

要是現在去搜尋關鍵字，肯定都還找得到，選前幾天，我不斷宣示民進黨的立場，大力強調「只要跑票，絕對開除黨籍」的相關新聞。以前中評委主委話都沒我那麼多，但因為自己是新聞局長出身，深知必須讓社會感受到，民進黨有黨紀、有紀律，另外也是藉此告訴所有黨籍議員，千萬不要質疑我的決心，一有違紀跑票，我絕對開除黨籍。當話說到這個地步，想跑票的人就會背負極大壓力。

記得正副議長選舉當天，我準備出發前往台南市議會民進黨團，許多朋友擔心我去台南督軍，會不會有危險？他們都建議我該請個隨扈保護，或是直接穿上防彈背心，以策安全。但我直說不用，只帶了一個秘書，兩個人就直奔現場。我的想法是，如果連督票這種小事，都要搞得風聲鶴唳，人民勢必會對民進黨的執政更加失去信心。

到了台南，我在黨團會議中再次重申，務必要依照黨的決議投票，一定不能跑票。後來開票結果確實順利，由民進黨籍議員邱莉莉拿下議長寶座。

正是那次堅定貫徹黨的意志，為民進黨在九合一的敗選止血。隨後，時任副總統的賴清德在黨主席補選中當選，又緊鑼密鼓投入南投縣第二選區立法委員補選的輔選，並成功讓蔡培慧打破了過去十六年以來國民黨的鐵票區，當選立委。當下我就很清楚，人民看到民進黨的團結、努力氛圍，就是會為此感動，進而願意相挺。

兩年中評會主委任期，裁處從未動用表決

另一個讓我頗為自豪的紀錄，是自我上任中評會主委後，直到二〇二四年七月的兩年任期間，中評會開了十二次會，沒有動用過一次表決。我的每一個裁處，不論是開除黨籍、宣布停權或給予警告，全都無異議通過。中評會裡各有派系，每回

處分的黨員可能分屬不同派系，因此每個案子送進來，都會出現各種聲音。比方說，針對違紀案，有人認為應停權一年，有人覺得該祭出停權三年的懲罰，有人則要求除名，要是各方僵持不下，就必須進入表決。但所有案子我都能公正處置，讓大家都接受裁決、將會議走成共識決，現在想想，真是不可能的任務。

其中，二〇二三年黨內在提名立委候選人階段時，中常委一直希望我趕緊處理一件違紀案。但我希望待主席結束立委提名程序、一切塵埃落定後，再行處置。起初，中常委是有些不高興，但我告訴對方，黨內初選的氣氛過於緊繃，推遲一些處理，是為了避免再升高緊張關係。經我解釋後，中常委能理解我的顧慮，也便釋懷了；而我在初選後也沒

守護台灣
第一品牌
民主台灣 團結向前

忘了做出違紀裁處，落實黨紀。

以前在東吳政治系念書，約翰．羅爾斯（John Rwals）在《正義論》中提出的理論「無知之幕」，意思是當公民被圍在一條名為「無知」的布幕內，忘卻自己的身分、階級、地位和擁有的權力、所處立場時，進行的溝通協調和形成的共識，才能實現真正的正義。對我來說，處理一切事務，就是要抱持著純粹的善意，只想著什麼對人民、對黨、對台灣最好，才能謀取最大利益。

二〇二四年七月，民進黨召開全代會，迎來兩年一次的黨職改選，我順利在各界支持下，連任中評會主委，這創下了民進黨的紀錄。也讓我更有信心，秉持大家的信任，帶著黨內「清廉、勤政、愛鄉土」的價值，讓改革腳步持續前進，讓台灣持續繁榮發展。

CHAPTER

09

從大林蒲遷村、《礦業法》到《空污法》修法

二〇一六年首度參選立委時，我把高雄前鎮、小港區的八十九里，徒步掃過一遍。走到小港區的鳳源、鳳興、鳳林、鳳森、龍鳳和鳳鳴等沿海六里時，最常遇到的場景，是鄉親抓著我說願意支持我，但我當選後，務必要協助當地的兩萬名居民「遷村」。

這裡，就是被八百支煙囪包圍的「大林蒲」。

位於高雄市西南端郊區、小港區內的大林蒲，東與高雄臨海工業區、中油大林煉油廠相鄰，西南則與南星計畫、台灣海峽相連，南接鳳鼻頭、邦坑部落和林園，北連高雄港洲際貨櫃中心、台電大林火力發電廠。多年來，當地陸續發生過幾次氣體外洩的爆炸事件，居民承受工安意外的風險，並暴露在空氣污染下，罹患肺腺癌的機率遠較其他區域為高。對此，我也深有所感，每次只要行經沿海路、中林路，都能真切感受到自己進入了工業城市，整個地區緊鄰煙囪，空氣中布滿油氣、粉塵。

歷史上，為了抗議大林煉油廠的污染，大林蒲的居民曾在一九九二年五月一日，圍廠抗議二十五天，並於第二十六天凌晨，與警方爆發激烈的流血衝突，是為

「五二六事件」。自此之後，大林蒲遷村聲浪不斷。

施政首要價值，在於守護人民健康與安全

八年來，感謝蔡英文總統對高雄的全力支持，相較之下，過去中央始終不願正視大林蒲的遷村問題，僅說「會努力爭取遷村」，卻未提出任何明確方案。我認為，投入政治工作首要關注的價值，應是人民的健康與安全，政府和立委如果無法讓人們生活在安全、穩定的環境下，實在很難稱自己「照顧人民」，就算經濟再怎麼好、產業再有發展，都是枉然。因此，「大林蒲遷村」成了我選前就決心要完成的承諾。

上任後的首次總質詢，我便邀請當時的行政院長林全前來大林蒲，探望鄉親。林全院長很清楚，一九六〇年政府開發臨海工業區時，就應同步思考兩萬名居民的

居住問題，如今問題拖了五十多年仍未處理，實是不該。所以在與鄉親的座談會上，他首先代表歷任政府鞠躬致歉，對於讓鄉親長期暴露在公安、空污的風險下，表示歉意。

就我看來，過去為了公安、空污等問題，大林蒲發生過幾次流血事件，但從來沒有一位行政院長敢親赴現場，和居民面對面，因此我相當感謝林全院長願意前來，傾聽當地鄉親的意見。這也是有史以來第一次，政府展現出認真面對大林蒲遷村的態度。

從林全院長的道歉作為契機，我們開始舉辦多場座談會，持續和居民說明、溝通。但啟動研擬遷村方案，其實才是困難的開始。當時地方什麼聲音都有，有人直說遷村是喊假的，根本是騙選票，有人則抱怨動作太慢。

我當上小港區立委、深入地方走動後，很能理解鄉親的心境與情緒。光是透過處理中林路坍塌一事，就知道臨海工業區對台灣經濟發展的重要性，卻也清楚當地居民多年來，承受了多少擔心與害怕。

推動遷村從優補助，落實居住正義

中林路是大林蒲沿海六里的重要聯外道路，二〇一四年起，台電進行地下電纜潛盾洞道工程，兩年間四度坍塌，造成停水停電、通訊中斷等民生問題。後來中林路再次坍塌，台電仍是說不明白裡頭到底怎麼了，我因為太想釐清現況，乾脆自己約了幾位里長、經濟部和台電相關同仁，打算下去一探究竟。記得當時有里長說，我年輕、孩子年紀小，下面可能有坍塌風險，要不要再考慮一下？但我一心想知道遇到什麼問題，仍舊堅持進去看看。

我們小心翼翼深入地下七層樓、二十八公尺深的台電潛盾隧道，來回步行五．六公里、兩個多小時，隧道裡溫度高達四十度，裡頭管線密布。說也奇怪，自從下去探查後，中林路沒有再坍塌過，不過也是藉由那次機會，我知道國家在臨海工業區投入多少發展資源。問題這是一體兩面，當兩萬名人民，生活在重工業密布、埋了這麼多管線的地方，又怎能不恐懼跟害怕？

二〇二二年十月二十七日深夜，中油大林煉油廠突然發生氣爆，廠區竄出的熊熊火光，把許多居民嚇壞了。他們告訴我，那晚真以為世界末日來了，當聽到第一聲氣爆，大批人嚇得奪門而出，整晚不敢回家。由此便能看出，當地鄉親對於居住環境的不安全感有多強烈，也明白多年來，他們對政治人物遷村支票的落空，失望感有多大。

二〇一九年九月底，終於傳來好消息，蘇貞昌院長預告，他準備核定大林蒲遷村一案，只是計畫非常龐大，仍有些細節要再修改。老實說，從我開始關注大林蒲遷村開始，歷經林全、賴清德、蘇貞昌等三任行政院長，所有人都清楚，只要是總質詢，第一題我一定問大林蒲遷村的進度；案子進到經濟部、國發會、行政院，每個環節我也緊追不捨，我很清楚，要是不追，進度很可能因此停擺，可是許多鄉親都相當急迫，比方說如果確定要遷村，房子壞了還要不要修？所以我希望總質詢蘇院長時，能獲得大林蒲遷村核定的好消息。

原先我是排定二〇一九年十月一日總質詢，知道計畫還需要些時間調整，我決定調換順序，將總質詢延後至十月八日。那天，蘇院長在質詢台上告訴我，他已拍板五八九億元的大林蒲遷村計畫，等於政府將開始用預算和法律程序啟動遷村，將來不論誰是總統、誰擔任行政院長、誰選上立委，都會朝此方向推進。到了二〇二三年底，預算又再追加到八〇〇億元，提出放寬土地資格、提高地上物全新重建價格補償費、新增加速搬遷獎勵金等減輕負擔的補償，協助居民順利遷村。目前，高雄市政府正著手辦理遷村方案選擇意願調查；我也持續居中協調，為鄉親爭取資源。一路走來，居民對我和團隊已有一定的信任和期待，到地方走動時，經常遇到說「謝謝」的鄉親，這大大給了我繼續服務的信心。

台灣正在邁向已開發國家的路上，人民安居樂業、豐衣足食，是政府的重要目標。大林蒲遷村延宕了五十多年，歷任政府沒有人願意直面這個議題，特別感謝蔡英文總統支持。如今，民進黨全面執政，抓住歷史的機遇、為地方鄉親落實居住正義，恰恰能彰顯執政的價值所在。

南北都應享有良好空氣品質，四度提出《空氣污染防制法》修法

擔任立委多年來，我每天起床後的第一件事，都是打開環境部的「環境即時通」APP，看看高雄的空氣品質狀況後，再搭上高鐵、前往台北立院上班，因此二〇一六年，我常截圖高雄的「紅」與台北的「綠」，在質詢時秀出圖片，要求環境部必須提出改善方案。對我來說，一個國家不應該是兩個世界，沒道理台北空氣品質良好，而高雄作為工業城市，日夜將大量電力、工業成果往北送，地方人民卻承受空污危害。

欣慰的是，二〇一六至二〇一八三年期間，我四度提出《空氣污染防制法》修法後，高雄的空氣品質有了顯著改善，現今紅害已大幅減少。根據高雄市政府環保局統計，二〇二三年，高雄市空氣品質良率達到八十九％，連續四年突破八成，PM2.5平均濃度亦較前一年同期下降。

我主要爭取到六六四〇萬元的「空氣品質維護計畫」，將小港地區設為空氣品

質示範計畫區，要求空污基金二十％回歸地方、公布空品監測原始數據，執行各項降低固定和移動污染源的策略，以解決高雄的空污問題。

在高雄廣闢綠地、種下十二萬棵樹，港都煥然一新

以空污基金二十％回歸地方來說，過去空污基金都是直接上繳中央，後續再統一分配使用。繳交數目和二氧化碳排放量成正比，高雄是工業城市，向來是繳款大戶。而我上任後發現，空污基金有時會被拿來用做人情使用，例如補助辦理研討會，因此我提出質詢，強調每個縣市都有各自的空污壓力，基金應該直接進入各縣市的環保局，針對地方所需，用做電動車補助、充電樁設置、揚塵改善等。也是因為這件事，後來我提出《財政收支劃分法》的修法，要求劃分財政收受時，應該要將空污貢獻納入標準。

我的出發點是，國營企業賺到的錢不用急著繳回中央，應該拿來改善空污設備，這對員工、員工的家屬、全台人民都有幫助，尤其這幾年ＥＳＧ當道，企業想方設法落實環境保護、社會責任，這不是最好的方式嗎？近年來，包括台電、中油和中鋼，總計便拿出近二〇〇億元的預算，投入機組更新與減污控制。

而公開空氣品質監測原始數據的用意，則是拉出每天、每年的數字，不僅能依據客觀統計對症下藥、解決問題，還能給予地方壓力。比方說，一旦發現當日空污嚴重，燃油電廠就必須適時降載。

為了讓一般民眾更有「參與感」，我也鼓勵國營企業多用電動機車、市區客運將燃油車改成電動車，提升綠色運具出現在港都的頻率。我常說，在台北騎電動機車代表著「現代化」，而在高雄騎電動車，除了象徵「進步」，還多了一層讓彼此「健康」的意涵。

最近，不論是在地居民、外來觀光客，許多人會主動提起：「高雄變漂亮了！」確實，我爭取政府、企業一同投入綠地的開闢，種植超過十二萬棵樹，尤其我們種下的，多是黃花風鈴木等會開花的樹種。有時一早起來，瞥見巷口盛開的黃花風鈴木，片片的黃澄喇叭花朵，不僅妝點了一天的好心情，還會感染鄉親，願意共同投入環境的整理與維護。

主導《礦業法》修法，凝聚環保團體、公部門間共識

早期我擔任國會助理時，便加入立院關注環保的次級團體「永續發展促進會」，還曾任會長秘書，算是很早就投入環保運動，因此與地球公民基金會、台灣環境保護聯盟等環保團體，長期維持良好關係。

一九三〇年就立下的《礦業法》，多年未修，隨著時代變遷，如今早已不合時宜，屢屢被批評破壞環境、圖利財團。二〇一三年，全台民眾藉由紀錄片《看見台灣》的鏡頭，看見台灣的山林水土，也看到被挖平的山頭，許多人開始注意到台灣礦業缺乏適當管理的問題。二〇一七年三月，經濟部僅用了短短三個半月，便核准

亞泥新城山礦場展延二十年；六月，《看見台灣》的導演齊柏林不幸於拍攝紀錄片續集時墜機逝世，導致逾二十五萬人連署要求礦業改革、萬人上街遊行。當時蔡英文總統公開承諾要修《礦業法》，行政院也在二〇一九年加速修法並將草案送第九屆立法院審議，可惜卻因無法達成共識和法案屆期不連續後歸零。

我是二〇一八年後加入經濟委員會，來不及全程參與第九屆《礦業法》修法。但我認為，不論從環境正義、自己作為民意代表的角度，都有責任完成《礦業法》修法。記得當時網路上有不少酸言酸語，批評民進黨全面執政後，每回都說「下週五」會通過法案，卻早已和財團站在一起，哪裡可能修法？為了回應人民對民進黨的支持與期待，二〇二〇年連任第十屆立委後，我立刻和團隊著手研擬《礦業法》修法。

首先，我記取第九屆任期沒有把握時間、有效推動進度的教訓，將環保團體、政府部門找來逐一溝通。每個人對於「完美」的定義不同，環保團體通常較具理想性，公部門則有執行面的現實考量，大家心中都有各自的一〇〇分修法版本，容易堅持己見，導致礦商無法繼續。但我告訴大家，法條本來就是不斷滾動、修訂，人人都能有意見，關鍵是不能停滯，否則最終仍會像第九屆任期般，回到原點，變成原先的三十分法案。大家起碼要針對刪除霸王條款、增訂停止採礦要件、補辦環評、保障原民諮商同意權等重要議題，凝聚共識，試著推出一個八十五分的版本，再由此基礎往下推進。特別感謝的是，地球公民基金會、經濟部礦務局基於對我和團隊的信任，都願意理性對話，讓互信在過程中一點一滴萌生。

透過每一回會議的溝通、協調，很快的，我們提出一個整合版本，我那時擔任經濟委員會召委，也立刻排審此案。進到委員會後，我們高效通過有共識的條文，遇到歧異之處則先保留，待下回再來深入細修文字；若真的不行，就進入朝野協商。朝野協商的好處，是不必受到開會時間限制，能夠充分討論。趁著所有官員、立委都在的場合，首要目標應該是處理已有共識的法條，讓法案順利往前推進。

後來，我們與長期關注的林淑芬委員、環保團體和中央部會也再針對條文細項，做了幾次溝通，最後只剩下極小部分無法取得共識的條文，交由立法院游錫堃院長、民進黨團柯建銘總召協助協商。我認為，起碼我們已經祭出九十分的版本，剩下若還有各執己見的部分，就在院會上逐條表決。

方案送至院會後，二〇二三年五月二十六日，歷時超過六年的努力，《礦業法》修法正式宣布三讀通過。最難得可貴的是，修法到了最後階段時，儘管大家挑燈夜戰，一路審到晚上十點，卻是在毫無異議、未入表決的狀態下通過三讀，等於環保團體、政府部門和企業，通通接受我們研擬出的方案。地球公民基金會甚至特別公開感謝我在整個過程中付出的努力，也讓我認知到，自己有能力做好多方協商工作、創造多贏。

不論是投入大林蒲遷村，或是推動《空氣污染防治法》、《礦業法》修法，背後的核心，都出於我對人們健康、性命安全的重視。我參選的第一項政見，就是「落實產業減污目標，積極改善環境污染」。我始終堅信，工業城市與花園城市可以並存，過去世界各國都是「經濟先行」，環境只要過得去就好，可是隨著氣候暖化加劇，政府、企業、人民也慢慢理解環境保護的重要；而且換個角度想，如果生活環境不佳，如何吸納優秀人才就業、停駐？

讓高雄、台灣成為宜居家園，永遠是我們最重要的責任。

CHAPTER

10

爭取六〇〇〇億，推動國道七號與捷運紅線南延

中央各部會首長和立委同仁，都在總質詢時，聽我說過幾個故事、看我放過幾支影片。

在高雄港的聯外高架道路，也就是新生高架道路落成啟用前，曾有個媽媽騎車載著小孩，從旗津區的住家前往前鎮，母子在漁港路和新生路口待轉，結果一輛油槽車受到內輪差影響，擦撞上機車，導致母子雙亡，留下遺憾。還有緊鄰高雄港、臨海工業區的沿海路上，一台小客車遭到兩台貨櫃車夾擊，剩下三分之一、駕駛當場死亡的畫面，播放影片時，我特別提醒官員，高雄人每天承受的，就是這些風險。又或者是聯結車上數噸重的鋼捲沒綁緊，直接滾落沿海路上，將公車站牌壓倒的畫面，我說，要是有人在站牌旁等車，後果不堪設想。

歸根究柢，為什麼會有這些問題？關鍵就在於貨櫃車、重車和小型車混道並行。但這些貨櫃車其實是可以走在國道或專用道上的。

第一個新生路上的事故，自從新生高架道路落成啟用後，就很少再聽到類似悲劇。相較之下，沿海路尚未有專用的聯外道路，至今仍車禍頻傳；加上二〇二三年五月，高雄港全自動化的第七貨櫃中心啟用後，根據預估，到了二〇三一年，整個高雄港將增加一二五％的貨櫃量，聯外交通量則將成長二一七％，沿海路的交通狀況勢必只會日益險峻。

城市發展與人民安全並進，興建國道七號與貨櫃車專用道

對於這些情形，我始終認為，城市發展與人民的生活品質、安全是能兼顧的，這也是我強力要求興建國道七號與貨櫃車專用道，讓貨櫃車能從小港南星路一路往北，直接接上國道一號及十號的原因。

事實上，國道七號不是不建，早在二〇〇七年，國道七號便展開可行性研究，停滯的關鍵在於進入二階環評時，環保團體擔心會遇到斷層帶，以及對鳥類棲息有所影響，因此環保署直至二〇二二年，仍遲遲無法做出決定。對此，我在總質詢時，不斷和行政院長、交通部長、環保署長溝通。我的疑問是，環評過關就過關，

要是不通過就直接退回，另尋配套方案，怎麼可能會有十多年懸而未決的情形？政務官應該有擔當、勇於做出決定，如此拖拖拉拉，導致國道七號毫無進展，我們每天依舊看到沿海路車禍傷亡的報導，對當地鄉親永遠是顆未爆彈。

在我的強力敦促下，二〇二二年九月，經過二十三次的範疇界定會議、四次專案小組的初審會議，環保署宣布經過國科會與科學調查，確認國道七號的通過路線沒有斷層帶的風險，也僅是一般鳥類棲息地，環評審查終於通過；隔年三月，行政院進一步核定一三五七億元的國道七號計畫，預定二〇三〇年完工。

其實，國道七號原先的預算僅為六〇〇多億，但因為計畫一再延宕，期間原物料成本上升，導致經費暴增，才一路增加到一三五七億元；更重要的是，中間浪費的時間，可以拯救多少家庭與人命？這也提醒了我，一件必須要做的事情，如果沒有勇於決策、執行，只會引來無止境的人命及國家損失。由於進度已經拖延，在完工前的空窗期，貨櫃車若是走沿海路，風險依舊很高，因此我要求再編列經費，運用中鋼路和沿海路之間的綠地，開闢一條「貨櫃車專用道」，後來交通部和港務公司從十四．〇三億的經費，一路追加到二十．二九億元，預計二〇二五年完工啟用。未來貨櫃車從高雄港出來後，既有國道七號，也有貨櫃專用道，小型車和貨櫃車徹底分流，貨櫃車又不必進到市區，便利安全也提升效率。

力促「南北發展平衡」，推升高雄國際機場樞紐作用

我參選立委時，很重要的一項政見，是推動「南北發展平衡」，以機場來說，不是只有桃園國際機場是台灣的門面，高雄國際機場同樣重要。台灣人最愛去的日本，成田機場、關西機場各有角色，如果要前往東日本，可以從成田機場進去；若是要去大阪，則能選擇關西機場。

而蔡英文前總統上任後，看準越南、泰國、印尼和印度等各國正快速崛起，擬定「新南向」為關鍵的對外政策。高雄與東南亞各國相距不遠、能快速對接，被視為「新南向基地」，高雄國際機場更是重要的運輸樞紐。

目前，高雄國際機場的面積約為二六九公頃，設有國內和國際兩座航廈、二座貨運站和二座維修棚，一年運量約為八〇〇萬人次。但二〇〇七年高鐵通車後，南北往來日益便利，國內航線因此逐漸萎縮，機場亟需轉型成新南向的集運點，首先要解決的，就是航廈老舊、空間又不足的問題。

我不斷邀集中央部會官員，前往機場視察，於二〇二三年成功爭取到八八〇億元的新航廈工程。計畫以先建後拆、半半施工的方式，拆除既有的國內航廈，重建為國際、國內共用新航廈，亦會新設轉運中心，銜接新舊航廈。改建完成後，預計年容量會增加至一六五〇萬人次，成為僅次於桃園的國內第二大航廈。

而搭配新航廈落成、年容量的擴增，我也積極催生亞洲、歐美各國的新航點、航班。像是二〇二四年，高雄國際機場陸續新增飛往日本岡山、札幌、熊本，以及越南富國島、馬來西亞亞庇等旅遊熱門景點的航線。足夠的航班、航點，才能讓南部鄉親享有便利運輸的美意不打折；對前來高雄的商務客、觀光客來說，高雄國際機場距離市區僅有半小時車程，周邊還有捷運系統，同樣也相當方便。

如今，第一期的航廈工程已經啟動，原先預定二〇三二年會完工，我正力促要在二〇三〇年完成。由於未來的年容量會暴增至原先的兩倍之多，周邊的道路系統也需要重新盤點，我同步要求民航局配合，思考周邊道路壅塞的可能性，力圖以國際機場的格局，提供更便捷、安全的交通服務。

對於新建航廈，看似還有超過五年時間，才能等到第一期工程完工，但其實鄉親都相當有感。有一次，我找各部會官員去機場考察，結束後，突然一位員工叫住我，慎重地向我道謝。他說他是我的選民，感謝我把中央首長找來開會，還追出許多細項預算，在機場工作的他，很期待機場未來的新面貌，也頻說「沒有投錯人」。正是那次經驗讓我再次堅信，只要努力做，所有人都會看在眼裡。

以台版豐洲市場為目標，整建前鎮漁港

國內最大的遠洋漁港——前鎮漁港，同樣是我非常重視的重大基礎產業建設，

包括停泊噸數、漁獲量都是全國第一，年經濟產值超過三〇〇億元，再加上周邊的造船、整修、後勤補給，一年有逾千億的產值。

我擔任高雄市政府海洋局長時，便花費極大心力行銷鮪魚、魷魚、秋刀魚、石斑魚、虱目魚等「高雄五寶」，其中，鮪魚、魷魚、秋刀魚等三寶的重要來源，就是前鎮漁港。我們常說，台灣有許多「隱形冠軍」，前鎮漁港旁的漁業大樓裡，隱藏了數百家漁獲量大且銷往國際的漁業公司。日本的鮪魚相當出名，台灣許多人前往日本，都是好那入口即化的生魚片，但很少人知道的是，許多魚貨是在前鎮漁港捕撈後，再被送往日本。我參加鮪魚公會的餐敘、漁業界人士的喜宴時，菜單裡總會多一盤頂級生魚片，這是在其他地方從未見過的場景，因為這些生魚片，平常都是國外使節、貴賓到訪才有機會享用，但在自己的重要日子，主人家特別拿出最好的上品招待賓客。

不過，這麼重要的前鎮漁港，因為過去是「三不管地帶」，雖然由漁業署主管，土地卻隸屬港務局，沒有單位負責建立污水下水道系統，這個啟用逾半世紀的漁港，著實問題多多。

我當選立委後，有過先前海洋局長的經歷，深知光是一個蚵仔寮漁港和魚市場大樓的改建補助，就高達二億元，年產值超過三〇〇億元的前鎮漁港，市府三〇〇〇萬元的例行性修繕預算怎麼夠用，於是，我以日本築地市場遷往豐洲市場後的成果為例，爭取十億元的前鎮漁港改建計畫，改造新風貌。

二〇一九年，我在如火如荼拚立委連任時，仍然和高雄區漁會理事長謝龍隱、漁業署同仁，安排了一趟日本考察，查看豐洲市場的營運情形。記得我們是搭晚上八點多的飛機，抵達東京後，先去居酒屋填飽肚子，接著半夜三點就出門，前往豐洲市場，觀察當地的卸魚、拍賣情形，看看人家是如何做到魚貨不落地、為賣場分級。他們的空間分布明確、功能嚴格區分，比方說一樓只拍賣魚貨，只有批發商能進入，上面的樓層則是供遊客用餐的餐廳。

看著明亮、乾淨的豐洲市場，我立刻希望前鎮漁港能逐步朝進步、現代化的方向邁進，在新鮮的魚貨之外，再提供良好的環境和服務，以進一步提升整體產業的附加價值。離開豐洲市場，我又趕去清水港看卸魚場，然後用完午餐，便拉車回到成田機場，接著飛回高雄，完成那次二十小時的日本快閃行程。當時朋友說我還在打選戰，何必那麼拚？但我就是想讓前鎮漁港的改建計畫趕緊塵埃落定。

後來，針對預算十億元的前鎮漁港改建計畫，前行政院長蘇貞昌問漁業署，還有什麼該做的？漁業署同仁回報，其實污水下水道、疏浚、碼頭、船員服務中心和水產品運銷中心等系統與設施，通通該做。尤其國際人權組織常說，台灣苛刻外籍漁工，沒有提供好的住宿處，一座功能齊備的船員服務中心，能讓外籍漁工在舒適的環境裡安心工作。蘇院長聽了認為既然要做，就要一次做好，便提撥了六十億元預算。但因物價調漲，二〇二〇年十二月，行政院再拉高預算，正式核定八十一億元的前鎮漁港改建計畫，展開漁港深水碼頭整建、多功能水產品運銷中心新建、下水道系統和污水廠設備強化，以及多功能船員服務中心、魚市場和漁服中心的修繕。

曾有議員嘲諷前鎮漁港改建需要八十一億元預算，是要「勘撈哥吉拉」嗎？我必須強調，這是台北人不了解前鎮漁港的評論。前鎮漁港年產值三〇〇億、周邊產值超過千億，影響無數人就業，是高雄重要產業，更是各邦交島國元首前來台灣的必訪之處，前些年台灣漁產被歐盟列為黃牌時，來訪談判的歐盟代表便指定要訪視前鎮漁港，了解遠洋漁貨卸貨的作業情形。由此可見，前鎮漁港的重要性不言而喻。

爭取捷運黃線，完善整體交通路網

另外，目前高雄捷運在紅線、橘線之外，已在市中心新增一條「Y」字型的黃線，黃線會經過前鎮、新興、三民、苓雅、鳳山、鳥松等六大人口密集區，預計將服務一一六萬人。

其實花媽擔任市長時，就想興建黃線，可惜當時並未得到馬政府支持，因而延宕。我認為捷運系統必須一條條建下去，才會逐步看到效益。首都台北的第一條捷運木柵線，起初搭的人也少，但當淡水信義線、板南線完工通車，生活圈愈擴愈大，才成就現今日均一九〇萬人次的運量。

看準交通基礎的重要性，二〇二二年三月，在高雄市陳其邁市長和我、李昆澤委員等幾位港都立委鍥而不捨地爭取下，蘇院長南下高雄視察時，正式宣布核定一四四二億元的預算，拍板決定興建黃線，並預定於二〇二八年完工。這幾年因應建築物料、人工的價格飛漲，預算又上調至二三四八億元。

落實交通平權，爭取捷運紅線小港林園線

我參選前鎮、小港區的立委前，就一直思考，自己到底能為選區內的鄉親做些什麼？尤其林園跟臨海兩個工業區，每年為國家創造一．五兆元的經濟產值，卻承受了嚴重的空污，以及大型車輛的頻繁出入。當時，高雄捷運紅線的終點是小港，我認為既然都走到了小港，只要再南延幾站，就會到達林園，這對當地鄉親出入會帶來極大幫助。國家重大建設向來只有透過中央立委爭取，才能成功，因此捷

運紅線從小港南延至林園，被我列為重要政見。

當選立委後，我立刻著手向交通部、高雄市政府捷運局爭取可行性評估的經費。當時，大家都直截了斷地說：「不可能。」他們告訴我，現在才準備評估第三條捷運，也就是捷運黃線，我這個將紅線南延到林園的規劃，都要排到第八順位去了。

但我說排第幾順位先不管，先做可行性評估再說，於是便要了七〇〇萬元的經費，投入評估。過程中，我不斷與相關單位溝通，若以搭乘效益來看，紅線從小港南延至林園，短期肯定不夠好，但大眾運輸本來就肩負著公共責任，不該單純從獲利考量，否則世界上許多城市怎麼會出現僅收「一元」乘車費這種事？

每回遇到蔡前總統、林全、賴清德和蘇貞昌等幾位前行政院長，我都不斷以交通平權的概念拜託他們，訴說小港林園年年為台灣創造龐大經濟產值，可是當地的孩子進出市區，以及前往搭乘高鐵、火車時，可能必須乘坐機車，不僅要忍受壅塞的交通路況，還得冒著「肉包鐵」的風險。我們的國家除了讓他們不斷承受空污、車禍，其實還能規劃將捷運南延到林園，為他們的交通安全盡一份心。

在我們持續努力爭取下，蔡前總統、歷任行政院長聽了也認同，最終於二〇二二年九月，正式核定五三三億元的預算，支持捷運紅線從小港延伸到林園。二〇二四年十一月，交通部又追加了三〇一．八九億元的預算。

值得一提的是，當初進行可行性評估時，為了節省經費，一度考慮要採輕軌高架模式，停下來再轉線、換車，但我認為不妥。以我們造訪任何國際城市、任何國家的經驗來看，轉乘、換車多會影響乘客使用的便利性與意願，何況小港到林園最順暢的路線就是一線到底，若是需要停下來轉乘，使用率一定會大打折扣，成為錯誤的政策。我的想法也得到陳其邁市長支持，我們都認為走高架、地下都行，但就是必須一線到底。

後來，在我們的堅持下，捷運小港林園線確定採一線到底、重運量方案，沿線設置七座新車站，六座地下、一座高架，預計在二〇三〇年完工，服務超過二十三萬人。接下來，捷運紅線還會延伸到屏東東港、林邊，等於和漁業大城連結，後續又能串聯到小琉球、澎湖的觀光，這對未來高屏的發展，會帶來極大幫助。

高鐵南延屏東經高雄車站，提升城市競爭力

還有一件我印象相當深刻的事。當初興建高鐵時，前總統馬英九一度稱高鐵是「廢鐵」，可是看看現在的高鐵，我因為每日往返左營、台北，很清楚只要每逢週五下午，準時、便利的高鐵就是一票難求。當年高鐵沒有擴大南延，現在正承受著決策錯誤之苦。

不過近年，高鐵南延屏東終於有了新進度，確定將採進高雄車站再進入屏東的方案。儘管在南延規劃上，針對究竟是選擇「高雄路線」還是「左營路線」，各界有過不少歧異，反對高雄路線的看法，主張會讓高雄陷入十年交通黑暗期。但我認為，左營方案一方面有「倒退嚕」的安全疑慮外，進入高雄車站也是起初規劃的主站，只是可惜當年未得到國民黨中央政府支持，以致延宕十數年，讓高雄錯失大好發展機會。

在我看來，高鐵不進高雄車站，這項重要的大眾交通工具距離機場、港口、亞

灣區、市中心只會更遠，未來將長遠影響高雄城市競爭力，我爭取要做不讓後代子孫後悔的百年建設，只能做出最佳選擇。

打造百年基礎交通建設，是城市發展之本

擔任立委至今，從國道七號新建、高雄國際機場和前鎮漁港改建，到建設捷運黃線、紅線南延到林園、高鐵進高雄車站再到屏東，不知不覺間，我竟然為鄉親爭取了逾六〇〇〇億的建設。二〇一九年，我第二次參選立委時，前副總統陳建仁首次為我站台，他提到一位立委能爭取到超過三〇〇〇億的預算、這麼多建設，實在不易。後來他以行政院長的身分再來，仍然講了相同的話，唯一改變的，是仍在不斷往上跳動的預算數字。

對我來說，完善的交通、基礎建設就是城市之本。放眼世界各國，沒有一個國

家在交通建設完工啟用後表示後悔，政府、民眾普遍的反應都是：「太晚做了！」要是更早做，也許能節省更多國家資源，並達到更大效益。許多遊客造訪國際大城市時，甚至會將「搭乘地鐵」，當成遊程的一部分。

機場、道路、漁港和大眾運輸系統，都是百年基礎建設，是城市發展的必經之路。而這

爭取超過6000億元建設

- 國道七號：**1357**億元
- 貨櫃車專用道：**20.29**億元
- 高雄國際機場新航廈工程：**880**億元
- 前鎮漁港整建：**81**億元
- 高雄捷運黃線：**2348**億元
- 高雄捷運紅線小港林園線：**834**億元
- 亞灣智慧科技創新園區：**170**億元
- 大林蒲遷村：**800**億元
- 鼓山分局、鳳山分局重建：**8**億元
- 沿海路重鋪：**7.9**億元

些基礎建設，唯有憑藉國家的力量，才有辦法完善。這幾年，民進黨全面執政，上至總統、下至地方首長和我作為國會代表，恰恰能串聯成線，逐步完備高雄的交通系統，朝著為港都築巢引蜂、打造吸引投資和人才的目標前行。

CHAPTER

11

新時代、新高雄

你理想中的高雄是什麼模樣？

長期以來，台灣的發展思維都是「重北輕南」，重大建設、關鍵資源都設在北部。以傳統產業、工業起家的高雄，是國內石化、鋼鐵、造船等產業的重要聚落，在我的選區小港，有中鋼、台電、中油、台船等企業；而在前鎮，有全台最大的遠洋漁港，台塑的起家厝也座落在此；旗津則是海洋高雄發展的起源地。這樣的產業分布，讓前鎮、小港、旗津區周邊，都居住了不少勞工、漁民，幾乎是整個高雄的縮影。

作為高雄人、作為高雄的立委，高雄的產業聚落完整，位於小港區的臨海工業區，自設立以來持續穩定煉油、輸出電力，更是台灣經濟發展的命脈。近年，在謝長廷、陳菊、陳其邁等歷任高雄市市長、在地立委的爭取和中央的全力支持下，高雄「海洋首都」和「新南向基地」的角色日益明確，亞洲新灣區的雛形亦漸趨完整，甚至連國際科技巨擘輝達（Nvidia）、超微半導體（AMD），都紛紛宣布進軍高雄，進而帶動亞灣區的整體投資熱。站在歷史發展機遇的我們，應該抓住升級轉型的機會，再創港都風華。

以「藍色經濟」來說，一八六三年高雄港開港後，持續引領港都邁向現代化城市，而隨著海洋委員會坐落港都，高雄港埠旅運中心、遊艇碼頭的增建，以及二〇二四年起，第七貨櫃中心正式啟用，帶動貨運吞吐量快速攀升，高雄「海洋首都」的定位早已不言而喻。蔡英文總統就任期間，提出的「新南向政策」，擁有高雄國際機場的高雄，具備交通上的優勢，進出新加坡、馬來西亞、泰國等國都相當便利，不啻是台灣的「新南向基地」。

亞洲新灣區，高雄產業升級轉型的起始

至於現今看來生機勃勃，裡頭有體感科技、有AI軟體、有智慧產業，以及高雄流行音樂中心、高雄展覽館、高雄港埠旅運中心等一幢幢現代化建築的亞洲新灣區，其實是二〇一一年、我仍在高雄市政府擔任新聞局長時，由花媽和我們一

眾幕僚團隊討論提出。當初花媽的想法，是要讓亞灣區成為高雄產業升級轉型的起始，奠定港都未來百年發展的基礎。

位於高雄市中心的亞洲新灣區，過往數十年來，周邊多達五九〇公頃的腹地面積，多為中央級單位所有。由於亞灣區就在高雄加工出口區（現為前鎮科技產業園區）旁，以前都是工業區，台塑的「起家厝」便位在此處，如今也成了台塑王氏昆仲公園。而工業區逐步離開後，這塊於高雄港旁的素地愈形完整，我作為在地立委，不斷透過質詢和提案，要求中央各級單位與高雄市政府，仿效德國漢堡、法國馬賽、日本橫濱的港市合一制，應該共同合作，以活化亞灣區這塊土地。

在我看來，若以首都台北類比，亞灣區其實就是升級版的信義計畫區，未來位於夢時代旁、海空雙港核心的二〇五兵工廠會完成遷移，這塊亞灣區內面積最大且最完整的五十七公頃土地，會是未來極佳的商辦、企業研發總部、高雄大巨蛋和新市政中心空間。

而過去台北信義計畫區周邊是一片農地，但在台北市政府遷入、台北一〇一拔地而起後，包括服務業、金融業都發展蓬勃，信義區最出名的稱號，就是「全球百貨密度最高的區域」，如今已成為外國遊客造訪台灣的必去之處。但和台北信義計畫區、台中市第七期市地重劃區等類似區域相較，我相信亞灣區又更具競爭力，因為這裡並非僅有服務業、商辦，還有高科技、智慧軟體產業的進駐，等於是擁有台北信義計畫區加上南港、內湖軟體園區的實力。若再搭配四通八達的交通網絡，一應俱全的輕軌、捷運，距離機場僅約二十分鐘的車程，還有郵輪、遊艇，發展指日可待。

從模糊到具體，一路緊盯亞灣區發展

對於亞灣區的發展，自從我擔任立委以來，已召開過十四次亞洲新灣區座談會，持續要求國發會整合各部會資源，提出重點計畫及預算經費。我都還記得，二〇一六年初次當選立委後，為了讓亞灣區「動起來」，每三個月，我就邀請經濟部長、國發會主委等中央部會官員南下，與市府各局處官員與台電、中油、中鋼、台糖等在地業者，在夢時代購物中心樓下的會議室開會，包括沈榮津、王美花等幾任經濟部長和國發會主委陳美伶等官員，都曾一同與會。

現在所有人講到「亞洲新灣區」都如數家珍，清楚亞灣區是高雄科技產業廊帶上的一顆重要珍珠，是帶動經濟繁榮、創新升級的關鍵，也知道裡頭有輝達、IBM等國際大廠進駐。但當初第一次開會時，大家對於亞灣區的想像仍然非常模糊，只提出「AR」、「VR」、「智慧」等幾個關鍵字，未有明確的政策和預算，處於腦力激盪、拋出想法的階段。

所以每次開完會，我和團隊都堅持不懈地追進度，要求三個月後再議時，各部會都得提出報告、往前推進。亞灣區的計畫，就是這麼力促大家腦力激盪，才慢慢長出骨架、變得日益具體，然後開始逐步落實。如今，在我持續協助設立5G AIoT新創園區、啟動高軟二期計畫、促成台電特貿三專區招商，以及爭取體感科技計畫預算後，亞灣區已進入發展加速期。令我印象深刻的是，二〇〇七年我仍在高雄市政府服務時，夢時代購物就進駐亞灣區、正式開幕，起初因為周邊一片荒蕪，連假日都沒什麼人，多虧了統一集團作為台灣的重要企業，具有一定底氣，才能挺過「拓荒期」；但現在夢時代周邊不論平日、假日，都熱鬧非凡，停車場更是每天爆滿。而這正是我說港都正逢「最佳機遇」的原因。

中央、地方同心，引領高雄加速衝刺

近十多年來，正好遇到中央、高雄都由民進黨執政，讓港都能就過往首長打下的基礎，全力衝刺。像是設立海洋局、確立「海洋首都」的定位，是由謝長廷市長負責推進；花媽再提出打造亞灣區，並藉由舉辦世界運動會、黃色小鴨，以及邀請五月天擔任城市代言人、發展演唱會經濟等種種策略，讓世界看見高雄；再到陳其邁市長積極招商、捷運路網成型、黃色小鴨重返高雄港等，歷任首長都是一步一腳印厚植高雄的實力。

而中央同樣全力相挺。早在二〇一八年，時任行政院長的賴清德總統，便於行政院院會中指示，將高雄新市鎮開發為橋頭科學園區，並要求以「最快速」辦理。當時的政務委員張景森，要科技部（現為國科會）依照過往推動中部科學園區的經驗，初期每半個月召開一次會議，之後一個月開一次會，以打破中科從決策到廠商動工僅花十個月的速度為目標。最終，占地四三六公頃、其中二六七公頃為產業用地的橋頭科學園區迅速敲定，預計串聯台南科學園區、路竹科學園區、楠梓科技產業園區及亞灣5G AIoT創新園區，引進半導體、航太、智慧機械、精準健康及AI軟體服務等產業。

蔡英文總統就任的八年期間，亦陸續拍板5G AIoT創新園區、亞灣2.0等計畫。包括二〇二一年五月，行政院核定通過「亞洲新灣區5G AIoT創新園區」國家級計畫，由中央各部會五年內投入一〇六億元，辦理園區開發、智慧設施、新創鏈結、場域應用、人才培育和產業群聚等工作，而亞灣區內的高雄軟體園區、展覽館、旅運中心、電競館和流行音樂中心，就是5G AIoT的最佳實驗場域，例如流行音樂中心，可以作為5G影音串流實驗場域，電競館則是5G無人載具的實驗場域。二〇二三年六月，中央再宣布將原先的五年計畫，擴大為七年一七〇億元的「亞灣2.0智慧科技創新園區計畫」，期望企業在亞灣設立研發總部、啟動商業模式驗證，進一步將創新技術輸出新南向國家。

看中港都潛力，護國神山、輝達和超微半導體紛紛進駐

有了總統、地方首長的全力相挺，搭配在地立委的不斷爭取，不僅確立高雄捷運、空海兩港、國道七號等基本建設的整建，完善了亞灣區各個園區的興建，更帶動半導體產業鏈紛紛南移。早期企業若想投資，絕對不會想到高雄，但隨著亞灣區興起，這幾年間，「投資高雄」成了全台最熱門的話題。

為了吸引台積電到高雄設廠，我們爭取近一三〇億元的預算，力促建置鳳山、臨海等四座再生水廠，補上台積電需要的水力，再配合充裕的電力和土地等缺口，

讓高雄終於等到了護國神山。二〇二一年十一月，台積電正式宣布在高雄設置五座二奈米晶圓廠；原先在地的鋼鐵、石化、造船等傳統產業，則持續以大帶小、轉型升級，加強在國艦國造、離岸風電等面向的布局。

更重要的是，在台積電之外，國際大廠同樣看到了高雄的潛力。二〇二三年底，自生成式ＡＩ問世以來，全球最受關注的科技巨擘輝達，先是在高雄軟體園區完成「Taipei-1 AI超級電腦先進算力中心」的設立，緊接著在二〇二四年六月，又宣布攜手鴻海在亞灣區成立先進算力中心，並應用在ＡＩ、電動車、智慧工廠、機器人、智慧城市等多個領域，這是台灣成為全球ＡＩ產業生態系重要夥伴的絕佳契機。輝達的到來，掀起了其他大廠對高雄的投資熱，輝達公布喜訊後的兩個月，超微半導體的研發中心確定進駐亞灣區，未來計畫和各半導體ＡＩ大廠、多所大學合作，致力讓亞灣區成為半導體封裝、高速傳導和ＡＩ應用的研發聚落；全球網通大廠思科（Cisco）則將在亞灣區設立AIoT永續創新研發中心，預計帶領二十多家周邊供應鏈廠商進駐。

媲美星港、日本的亞洲資產管理中心，落腳港都

國內外廠商紛紛進駐亞灣區，加上近年台灣股市表現亮眼，象徵著資金的持續湧入，一般粗估，現今民間財富約有二〇〇兆元規模，台灣深具成為資產管理中心的潛力。對此，早在二〇二一年，我便極力爭取在亞灣區設立「亞洲資產管理中心」，並納入自由貿易港區的範疇。

高雄本來便有港灣優勢，工作條件、生活環境、交通條件又佳，要是設立亞洲資產管理中心，不僅能與新加坡、香港、日本相互競爭，還可以給予企業面對面的金融諮詢服務，並吸引更多金融人才落地港都。

很高興的是，四年後，我們的拚搏終於開花結果，二〇二五年上半年，亞洲資產管理中心示範區將正式成立，國際資產管理公司、銀行紛紛進駐，接下來，整個城市將成為金融活絡之處，會是國際金融、國際資產管理公司的最佳選擇。

頂尖學府帶動產業創新，爭取中山大學設置半導體學院

值得注意的是，學界也沒有在亞灣區缺席。二〇二二年，我們為中山大學爭取設置半導體及重點科技研究學院，是台清交成等傳統四大工程名校之外，唯一獲准通過的一般大學；同年，中山大學還設立了國際金融研究學院與後醫學系，再加上先前便獲選的「雙語標竿大學」，等於在半導體、國際金融、醫學和雙語等四大國家級政策中「全拿」。

我始終認為，學界的力量對亞灣區、高雄的新面貌相當重要，放眼全球各大頂尖城市，起碼都有一所頂尖大學，美國紐約有紐約大學、英國倫敦有倫敦政經學院，日本東京則有東京大學。而能量充沛的中山大學，作為高雄的代表，在半導體學院成立後，持續有效帶動產業創新，也能培育相關人才。

高雄以亞灣區為商業、科技、文化中心，向外輻射能量

在中央、地方和我們立委的齊心努力下，如今，高雄半導體S廊帶已持續成形，從路竹科學園區、橋頭科學園區、仁武產業園區、楠梓科學園區、和發產業園區、大發產業園區、林園產業園區、臨海產業園區到亞灣區，高雄的產業、機場、港口、捷運、國道和水電、土地陸續齊備。

那麼，接下來呢？

我認為，隨著亞灣區的逐步落實，S廊帶逐漸完整，高雄將會比肩荷蘭阿姆斯特丹、澳洲雪梨、日本東京等國際城市，成為亞洲獨有、亮眼的港灣城市。

古往今來，各大國際港灣城市都是從傳統產業、工業轉型而來，亞灣區也正循此模式，向前邁進。事實上，高雄作為港口城市，有相較首都台北更優異的條件，台北雖然有台北港，卻距離市中心有段距離；可是高雄不同，亞灣區已有高雄展覽館、高雄流行音樂中心、高雄港埠旅運中心，還有輝達、超微半導體的投資進駐，

近幾年，亞灣區便新落成了五間觀光酒店，只要走到頂樓往下看，整片灣區的港景一覽無遺。

因此接下來，在交通上，我將力促東西向第二快速道路早日完工，以及爭取第三條鹽埕苓雅三民鳳山快速道路、國道一號加設高架道路、國道十號延伸至六龜，並強化八八快速道路，來改善高雄市東西向、南北向交通問題；捷運部分，則將紅線北延至台南、南延至東港，再擴增紫線、藍線、青線、銀線、粉紅線和茄萣、永安、彌陀、梓官的輕軌線，以擴大高雄大眾交通路網及服務區域；同時，先完成高雄國際機場的新航廈、增加航點航班，達到年運量一六五〇萬人次的目標，未來，預計再興建如同日本關西海上機場的南星海上新機場，能讓捷運紅線延伸進去，且二十四小時起降，沒有小港、前鎮、旗津周邊的安全與吵雜問題，航線則能飛往歐洲、美國、澳洲等遠程大城，讓高雄真正蛻變成第一級國際化城市。

在我的想像裡，未來對內，亞灣區會是整個高雄的商業與商務中心，是經濟、科技、文化的密集區，且這股能量，會向外的科技廊帶輻射；對外，亞灣區則讓高雄成為一顆代表台灣，在世界和亞洲閃耀的珍珠。

說來也有趣，二〇一一我擔任新聞局長時，花媽和我們一眾幕僚團隊集思廣益，提出「亞洲新灣區」的概念，現今十多年過去了，當初發想理念的成員們，紛紛各奔前程，就我還留在港都的工作崗位上，甚至我的選區，就是亞灣區的所在。

也因為持續待在高雄，兢兢業業為地方和人民服務，並一路見證亞灣區從無到有，對於亞灣區的開展，我能承先啟後。首先，我認為高雄的鋼鐵、石化、造船等傳統產業，必須持續升級轉型並以大帶小，引領各個產業的良性循環。像是台船投入新興的綠能產業，打造的「環海翡翠輪」，是台灣首艘自建的離岸風電全迴旋大型浮吊船，也是亞洲第二大的風電工程船。位在高雄、台灣重要的扣件產業聚落，除了早早進攻高附加價值的醫材產業，近年更積極打入電動車、離岸風電、太空等當紅產業。這些傳產大廠在轉型過程中，勢必會需要各種小步快跑的創新，台灣新創便能承接此角色，進一步站在「巨人的肩膀上」尋求商機。

同時，高雄的農漁產業，也能藉由引入科技力量、打造智慧農漁業，再次發光發熱。比如為大樹玉荷包及鳳梨、旗山香蕉、燕巢芭樂、大社棗子、六龜芒果及蓮霧、甲仙芋頭、大寮紅豆、原鄉梅子及水蜜桃、內門龍眼、美濃木瓜番茄及白玉蘿蔔、岡山羊肉、阿蓮田寮土雞，以及沿海區域的烏魚、石斑魚、虱目魚、鮪魚、魷魚、秋刀魚等「高雄五寶」，持續強化國內外行銷，並導入物聯網、自動化技術，不僅會帶來產值增長，還能進一步促進產業的永續發展，成為現代化農漁業的新典範。

所謂一個人走得快、一群人走得遠，現代社會講求「共好」，由高雄自行推動亞灣區不易，我們勢必要將更多世界級的科技巨擘拉進來，以吸引相關供應鏈的進駐。若以整個半導體產業來看，二〇二一年十一月，台積電宣布在高雄擴廠後，全球最大的半導體封裝與測試製造服務大廠日月光，儘管本來便是「在地廠商」，便持續跟進加碼投資高雄；其他像是全球最大砷化鎵晶圓代工廠穩懋半導體、半導體介面廠穎崴、被動元件龍頭國巨等，亦陸續投資高雄。

港都就像「台灣的青春期」，終將成為「世界的高雄」

相信音樂創辦人陳勇志曾說，高雄就像台灣的青春期，正處於轉大人、轉骨的階段。確實，現今港都的狀態，就和當年五月天剛來世運開演唱會、揭開演唱會經濟的序幕般，一切生機勃勃、欣欣向榮。只是當初我們投入的，是觀光產業的開展，但現在開啟的，是規模更龐大的高科技產業。

所以對於那些遠道而來投資的科技巨擘、高科技企業，首先是讓對方感受到高雄提供的全力支持，包括持續整治空污、改善供電、提供空間優惠和加強行政效率；更重要的是，當把一切產業都齊備了，工資隨之提升，便只待優秀人才到來。

我印象很深，有個朋友的孩子，在高雄長大，自小便深愛家鄉。大學到北部念書、畢業後，就在新竹科學園區的台積電工作，後來他看到台積電宣布進駐高雄，先是請調回南部科學園區的台積電，並填寫志願書，說待高雄的台積電廠落成、啟用，他便要返回港都，重回家鄉懷抱。

這幾年，我也在高雄街頭看到愈來愈多國際人士，那些歐美、日韓的一張張臉孔，在熱情的南台灣自在悠遊，說明了高雄的開放與多元。我堅信，一個國家、城市的生命力來自於人才，當有許多優秀人才願意來此安身立命，甚至願意為了城市付出所有、貢獻所長，代表整個城市的基礎建設、軟硬體，均有一定程度的完備，代表我們過去所努力的方向，是正確的。

另外，在經濟、產業之外，就我看來，高雄還是深具層次與魅力的城市，擁有日常不可或缺的深厚文化底蘊與多元生活要素。

像是高雄有許多庶民小吃，我自己平常特愛走走逛逛，尋覓哪裡有好吃的關東煮、肉燥飯；這幾年，高雄又多了米其林評鑑，二〇二四年共有四間餐廳榮獲星級殊榮，要知道，「是否有米其林餐廳」是國際觀光城市的重要指標之一，港都等於既有平價的美食，又有星級的米其林料理，拉開整個城市的文化縱深。至於生活面向，高雄有山有海，有豐富的藝文、休閒活動，日常步調不疾不徐，節奏「剛剛好」，人們能在這裡安居樂業，悠閒自在地享受人生，也是吸引優秀人才落腳的最佳利器。

儘管高雄起步稍遲，卻擁有絕佳的後發優勢，在未來可見的數十年內，將迎來新時代、新面貌，並扮演下一波推升台灣經濟的重要角色。為此，我們除了要繼續推進亞灣區的進度，更要打造讓各方人才願意前來逐夢的環境，讓港都不只是台灣的高雄，更成為「世界的高雄」。

這，就是我理想中高雄的模樣。

【結語】

成就一座美麗而偉大的城市

從在高雄市政府任職後，曾陪著花媽到國外參訪學習，之後也有多次機會出國見習，歐美城市包括紐約、華盛頓、巴爾的摩、洛杉磯、倫敦、愛丁堡、阿姆斯特丹、羅馬、威尼斯，亞洲則有曼谷、新加坡、東京、大阪、京都、首爾、香港、北京、上海等，在連串旅途中，令我印象最深刻的是美國西岸的舊金山。

舊金山是北加州與舊金山灣區的重要核心都市，是商業、文化、科技和金融中心，也是許多大型企業的總部所在，特別是網際網路產業最為知名興盛。

為了吸引高科技公司、生化科技和生物醫學進駐和鼓勵投資創業，舊金山市政府提供許多減免優惠，吸引世界級科技總公司落腳，並將許多區域重新活化為商業住宅區。

舒服的氣候和開放的風氣，加上市政府具有前瞻願景的規劃，讓舊金山成為開放的宜居城市，位於南部舊金山灣區的矽谷，更在科技業扮演關鍵角色。

還記得當時參觀棒球博物館、乘坐路面纜車的悸動，當一行人在漁人碼頭駐足，在海風吹拂下，眺望遠方的金門大橋、看著頻繁進出的漁船和帆船，我回想著旅程中的所見所聞，充分感受到這是一座具有多元、魅力、包容的港灣城市。

當時我暗自心想，以高雄的既有條件，不應只是台灣的海洋首都，而是要成為全世界的港灣都市，吸納全球各地人才一起創造夢想。因為每一座城市都是獨一無二的存在，高雄不能僅以舊金山為師，而是要超越舊金山、紐約、巴黎，成為兼具傳統和創新的科技城。

為何說是傳統兼具創新？因為從舊金山雖吸引也造就科技新貴，貧富差距卻因此愈拉愈大，可見在鼓勵科技和創新之餘，也要兼顧傳統產業和多數工作者，讓每個人都可以往前邁一大步，而不是只有少數人。

要打造高雄符合我心目中的新未來——一座美麗而偉大的城市，除了需要強勁的基礎建設、善用港灣城市的優勢，更要有遠見的領導人、開放的政策、友好的投資策略並能與國際接軌，這些條件缺一不可。

這些年，不論是在哪個職位，我心中念茲在茲，從未忘卻當年的那個夢想，不斷學習、培養自己的能力和視野，就是希望有一天能成為眾人心目中，發展高雄最關鍵的角色，和所有鄉親共同完成遠大的夢想，而這個夢想，其實並不遠。

猶記得擔任高雄市政府新聞局長時，曾和花媽聊到，市長、局長等任何職務，終有告終的一天，最重要的目標，是當卸下職務回歸平靜時，若有鄉親認出，說在職務上表現優異，那就是人生的最大價值所在。

從政近三十年，我有過國會助理、高雄市政府觀光局主秘、新聞局長、海洋局長到立委等不同歷練，衷心感謝自己在從政生涯中獲得的每一個機會，遇到的每一個貴人，我的太太與孩子，以及支持我的每一位鄉親。

不論擔任局長、立委、中評會主委等各項職務，我堅信，必須時時刻刻提醒自己回歸本心，我的付出努力是不是能讓人民更好、國家更好，這才是人生最大的價值與意義。

會做事。好立委
立委
候選人
會做事
好立委

PEOPLE 536

小鴨把拔向前衝：賴瑞隆報到

口　述—賴瑞隆
採訪撰稿—蕭玉品
照片提供—賴瑞隆
主　編—謝翠鈺
責任編輯—廖宜家
行銷企劃—鄭家謙
封面設計—兒日設計
美術編輯—李宜芝

董事長—趙政岷
出版者—時報文化出版企業股份有限公司
108019 台北市和平西路三段二四〇號七樓
發行專線—（〇二）二三〇六六八四二
讀者服務專線—〇八〇〇二三一七〇五
（〇二）二三〇四七一〇三
讀者服務傳真—（〇二）二三〇四六八五八
郵撥—一九三四四七二四時報文化出版公司
信箱—一〇八九九　台北華江橋郵局第九九信箱

時報悅讀網—http://www.readingtimes.com.tw
法律顧問—理律法律事務所　陳長文律師、李念祖律師
印　刷—勁達印刷有限公司
初版一刷—二〇二五年一月十七日
初版四刷—二〇二五年二月二十六日
定　價—新台幣三五〇元
（缺頁或破損的書，請寄回更換）

時報文化出版公司成立於一九七五年，
並於一九九九年股票上櫃公開發行，於二〇〇八年脫離中時集團非屬旺中，
以「尊重智慧與創意的文化事業」為信念。

小鴨把拔向前衝：賴瑞隆報到 / 賴瑞隆口述；蕭玉品採訪撰稿 . -- 初版 . -- 臺北市：時報文化出版企業股份有限公司 , 2025.1
面；　公分 . -- (People ; 536)
ISBN 978-626-396-895-0(平裝)

1.CST: 賴瑞隆 2.CST: 自傳

783.3886　　113015069

ISBN 978-626-396-895-0
Printed in Taiwan